THE PURPOSE DRIVEN®
Curriculum

목적이 이끄는 양육

301과정

인도자용

Originally published in the U.S.A. by PurposeDriven Inc.
under the title C.L.A.S.S.301:Leader's Guide-Discovering My Ministry
Copyright © by Rick Warren
All rights reserved.

Korean translation copyright © 2010 by DMI Press

본 저작물의 한국어판 저작권은 PurposeDriven과 독점 계약한 국제제자훈련원에 있습니다.
신 저작권법에 의하여 한국 내에서 보호받는 저작물이므로 무단 전재 및 복제를 금합니다.

목적이 이끄는 양육 | 301과정 인도자용 |

개정 1쇄 인쇄 2010년 10월 11일 ● 개정 1쇄 발행 2010년 10월 15일
지은이 릭 워렌 ● 엮은이 PD Korea
펴낸이 김명호 ● 펴낸곳 도서출판 국제제자훈련원
등록번호 제22-1240호(1997년 12월 5일)
주소 (137-865) 서울시 서초구 서초1동 1443-26
e-mail dmipress@sarang.org ● 홈페이지 www.discipleN.com
전화 내용문의 (02)3489-4310 / 구입문의 (02)3489-4300 ● 팩스 (02)3489-4309

본서에 게재된 「성경전서 개역개정판」, 「성경전서 표준새번역」, 「성경전서 새번역」의 저작권은 재단법인
대한성서공회, 「현대인의성경」의 저작권은 생명의말씀사의 소유로 허락을 받고 사용하였습니다.

▌국제제자훈련원은 건강한 교회를 꿈꾸는 목회의 동반자로서 제자 삼는 사역을 중심으로
성경적 목회 모델을 제시함으로 세계 교회를 섬기는 전문 사역 기관입니다.

THE PURPOSE DRIVEN®

Curriculum

목적이 이끄는 양육

301과정

인도자용

국제제자훈련원

차례

서문 · 6
교재의 구성 · 10
교재의 진행 · 11
301과정의 개요 · 20

제 1 장 - 섬김을 위한 우리 교회의 전략 · 25
   I. 성경은 사역에 대해 무엇이라고 가르칩니까?

제 2 장 - 당신은 예수 그리스도의 사역자입니다 · 41

제 3 장 - 하나님께서 당신을 어떤 형상(SHAPE)으로
         빚으셨습니까? · 51
   I. 당신의 영적 은사를 발견하십시오
   II. 당신의 마음을 발견하십시오
   III. 당신의 능력을 발견하십시오
   IV. 당신의 성격을 발견하십시오
   V. 당신의 경험을 발견하십시오

제 4 장 - 당신이 섬길 수 있는 사역의 기회를
         찾으십시오 · 147

축하드립니다 · 152
당신의 사역 발견 과정 · 157
나의 사역 서약 · 162
부록 A / 우리 교회의 사역 철학 · 166
부록 B / 나의 형상 소개서 · 173
부록 C / 나의 형상 발견 시간에 대한 안내 · 179
301과정 초청편지 · 183

서문

새들백 교회에서는 수많은 사람들이 〈목적이 이끄는 양육〉 과정을 통해서 그들의 삶을 주님께 헌신해 왔다. 이 네 과정은 새들백 교회의 목적이 이끄는 사역 전략의 핵심 프로그램이다. 각 과정은 분명한 목적을 가지고 운영되며, 각각 다른 수준의 사람들이 그들의 영적 성장을 이루는 일에 집중한다.

새들백 교회는 수년 동안 이 과정을 진행하면서 효과적으로 인도하는 세 가지 방법을 습득했다. 각 교회마다 상황이 다르기 때문에 일반화하기는 힘들겠지만, 여러분이 섬기는 교회에서 〈목적이 이끄는 양육〉을 도입할 때 고려해 보기 바란다.

가능하다면 네 가지 과정을 동시에 운영하라. 많으면 많을수록 더 큰 힘을 발휘하게 된다. 각각 다른 주에 네 가지 과정을 따로 운영하는 것보다는 같은 날에 과정을 개설하는 것이 더욱 좋다. 그래서 새들백 교회는 한 달에 한 번 동시에 모든 과정을 개설한다. 어떤 교회는 101과정은 매달 운영하지만, 다른 과정들은 몇 달에 한 번 운영하는 것을 보았다. 그러나 동시에 네 가지 과정을 운영해 보는 것을 추천한다. 네 가지 과정을 동시에 운영하면 사람들에게는 더 많은 선택권이 생긴다. 예를 들어, 부인은 101과정을 끝냈는데 남편은 끝내지 못할 수도 있다. 그러면 부인은 201과정에 참여하면 되고 남편은 101과정으로 가면 된다. 게다가 행정적인 일과 간식비용도 줄일 수 있다.

가능한 자주 개설하도록 하라. 우리는 보통 몇 개월의 기간을 두어서 각 과정에 더 많은 사람들이 참여하도록 한다. 하지만 오히려 이 과정을 자주 하면 할수록 더 많은 사람들이 참석할 것이다. 이 양육과정을 자주 운영한다는 것은 사람들에게 더 많은 선택권을 준다는 뜻이다. 자주 열지 않으면 사람들은 더욱 참석하지 않게 된다.

각각의 과정을 4시간 세미나로 운영하라. 많은 교회들이 주일에 이 과정을 운영하는 것으로 알고 있다. 보통 3주에서 4주 프로그램으로 운영할 것이다. 이렇게 하면 분명 여러 가지 이점이 있다. 4주 이상 관계를 지속할 수도 있고, 충분히 시간을 가지고 강의를 할 수 있다.

그런데 이렇게 순차적으로 〈목적이 이끄는 양육〉 과정을 운영하다 보면 몇 가지 문제가 발생되기도 한다. 이 과정이 진행되는 동안 새로운 사람이 오게 되면 그 사람은 놓친 주간의 내용을 알고 싶어 할 것이다. 사실 그 내용을 알아야만 한다. 하지만 내용을 모르기 때문에 과정에 참여하기가 어려워진다. 게다가 한 번 결석을 했기 때문에 과정을 수료하지 못하고 다음 차례가 돌아올 때까지 기다려야 한다.

하지만 하루에 모든 과정을 동시에 운영하게 되면 일단 이 과정을 시작한 사람 대부분이 끝을 맺을 수 있게 된다. 사실 단 몇 시간 만에 사람들이 성장하는 데 필요한 모든 정보를 제공할 수는 없다. 그러나 사람들이 헌신할 수 있게 도와줄 수는 있다. 어떤 형태로든지 이 과정의 모든 내용을 공부하게 되면 하나님께서 그들과 교회를 통해서 이루길 원하시는 비전을 발견하기 시작할 것이다.

〈목적이 이끄는 양육〉은 사람들을 영적으로 성장시킬 수 있는 훌륭한 도구다. 사람들한테 정보를 주기 때문이 아니라, 그들에게 영적인 변화를 일으킬 수 있는 헌신을 이끌어 내기 때문이다. 지금까지 내가 나눈 이야기는 단지 새들백 교회의 예에 지나지 않는다. 여러분의 교회에서 어떻게 이 과정을 인도하든지 간에, 이 프로그램을 통해서 많은 사람들의 삶이 변화되고 헌신의 자리로 나아가게 될 것이다.

톰 할러데이 Tom Holladay _새들백 교회 교육목사

목적이 이끄는 양육을 한국 교회에 소개합니다

영적으로 성숙한 교회는 교회를 섬기는 모든 사역자들의 소망일 것이다. 〈목적이 이끄는 양육〉은 바로 이런 소망을 이루기 위해 마련되었다. 본 교재는 릭 워렌이 집필한 새들백 교회의 C.L.A.S.S.(Christian Life And Service Seminars)라는 커리큘럼을 한국화한 것이다. 건강한 교회론을 바탕으로 성도들의 영적 수준에 따라 다음 단계로 성장하도록 돕기 위해 쉽고 체계적으로 구성되었다.

본 교재는 야구장 모형을 따라 전체가 네 과정으로 구성되었다. 교회 입문과정인 101과정은 '가족으로서의 교회'에 대해 다룬다. 201과정에서는 '성장하는 곳으로서의 교회'에 대해 다룬다. 301과정에서는 '사역의 한 팀으로서의 교회'를 이야기한다. 그리고 401과정에서는 '군대로서의 교회'를 다룬다. 한 성도가 지역 교회의 가족이 되고, 본 교재의 과정을 따라 착실하게 배우고, 서약한 대로 실천하는 삶을 산다면, 성도들은 하나님 나라의 군대로 변화될 것이다.

새들백 교회가 강조하는 것은 교회의 건강성이다. 교회가 병들지 않고 건강하면 교회는 성장하게 된다는 것이다. 교회의 건강성을 확보하는 비결은 성경에서 말하는 목적들이 균형 있게 성취되는 것이다. 릭 워렌이 말하는 '목적이 이끄는 교회'는 예배, 교제, 훈련, 사역, 그리고 전도라는 다섯 가지 목적이 균형을 이루는 교회다. 〈목적이 이끄는 양육〉은 교회에 처음 출석하는 새신자부터 일반 성도들까지 이 다섯 가지 목적이 균형을 이루는 건강한 그리스도인으로 성장할 수 있도록 도와줄 것이다.

교회마다 각각의 다른 전략과 스타일을 가지고 있다. 어떠한 교회도 모든 사람의 흥미를 끌 수는 없다. 모든 사람들을 애청자로 만드는 라디오 방송이 없는 것처럼, 모든 사람에게 매력을 끌 만한 교회는 없다. 사람들이 서로 다르기 때문이다. 사람들은 각기 다른 필요와 다른 개성을 가지고 있다.

 이 교재를 통해 각각의 성도들은 하나님의 강한 군대로 세워지는 한국 교회가 되기를 바란다. 본 교재를 토대로 보다 한국적인 상황에 맞는 자료들이 개발되고 본 교재를 다양한 형태로 활용할 수 있기를 바란다. 새들백 교회가 각 과정을 4시간의 세미나로 운영하고 있지만 이 원칙을 그대로 따를 필요는 없다. 어떤 교회는 시간을 나눠서 4주 동안의 프로그램으로 운영할 수도 있다. 각 교회의 상황을 가장 잘 아는 사람은 바로 당신이다. 각각의 지역 교회의 상황과 문화에 따라 효과적으로 변형해서 사용하기를 바란다.

 이제 101과정을 시작하는 성도가 401과정을 마무리할 때에는 하나님 나라의 군사가 될 것이다. 아무쪼록 그들의 삶의 영적 전투에서 승리했다는 소식이 곧 들려오길 소망해 본다.

 "병사로 복무하는 자는 자기 생활에 얽매이는 자가 하나도 없나니 이는 병사로 모집한 자를 기쁘게 하려 함이라"(딤후 2:4).

김명호 국제제자훈련원 대표

교재의 구성

강의안은 최대한 쉽게 가르칠 수 있도록 만들어졌다. 각 단락마다 어떻게 가르쳐야 할지 안내해 주는 상세한 강의 노트가 들어 있다. 강의 노트는 강의 현장과 같은 느낌을 경험할 수 있도록 릭 워렌과 새들백 교회 전문 강사들의 강의를 녹취해서 만든 것이다. 인도자는 이 강의 노트를 참고해서 인도하는 목회자와 교회의 스타일에 맞게 변형해서 사용해야 할 것이다.

1. 특별한 경우를 제외하고 이 교재의 모든 성경은 '개역개정'판을 사용했다.
2. 각 장이 시작될 때 그 장의 개요를 첨가해서 큰 그림을 그릴 수 있게 했다.
3. 새들백 교회 전문 강사들의 예화를 별도로 표시했다.
4. 새들백 교회에서 발간된 다른 자료를 사용할 수 있도록 '참고사항'을 첨가했다.
5. 참가자용 교재와 번갈아 가며 볼 필요가 없도록, 참가자용 교재의 내용과 중복되는 부분은 굵은 글씨체(검정)로 표기했다. 인도자용 교재 한 권만 가지고도 인도할 수 있다.
6. 참가자용 교재의 빈칸에 들어갈 답 밑에 밑줄이 있다. 답을 써넣는 형식을 사용한 데는 두 가지 이유가 있다. 첫째, 배운 것을 오랫동안 기억할 수 있도록 하기 위해서다. 연구에 따르면, 우리는 들은 것의 95퍼센트를 72시간 후에 잊어버린다고 한다. 그러나 듣고 써 본 것은 72시간 후에도 70퍼센트를 기억한다고 한다. 둘째, 나중에 참가자들이 이 과정을 다시 찾아볼 때 쉽게 기억할 수 있도록 하기 위해서 밑줄을 이용했다.
7. '인도자를 위한 팁'을 첨부했다. 인도자용 교재는 수십 개의 조언이 여기저기 배치되어 있다. 이 조언들은 사람들을 가르치는 내용에 집중시키도록 도와줄 것이다.

교재의 진행

목적이 이끄는 양육은 모두 4권 14과로 구성되어 있다(101과정-4장, 201과정-3장, 301과정-4장, 401과정-3장). 각각의 과정은 하나님이 교회를 세우는 목적(예배, 교제, 훈련, 사역, 전도)에 초점이 맞춰져 있다. 우리는 이 네 가지 과정을 통해 성도들이 매일의 삶 속에서 하나님의 목적을 이루어가도록 도울 것이고, 성도들은 점진적으로 성숙한 성도로 자라게 될 것이다. 이 과정은 하루 과정(One Day 세미나) 혹은 14~16주 과정으로 진행할 수 있다. 다음 도표와 설명을 참고하라.

201 — 성장 : 나의 영적 성숙
- 참석대상 101과정 수료 후 4주 출석자 (교회봉사 완료자)
- 내 용 영적 성숙 프로그램
- 후속조치 지역/취미 소그룹 배치

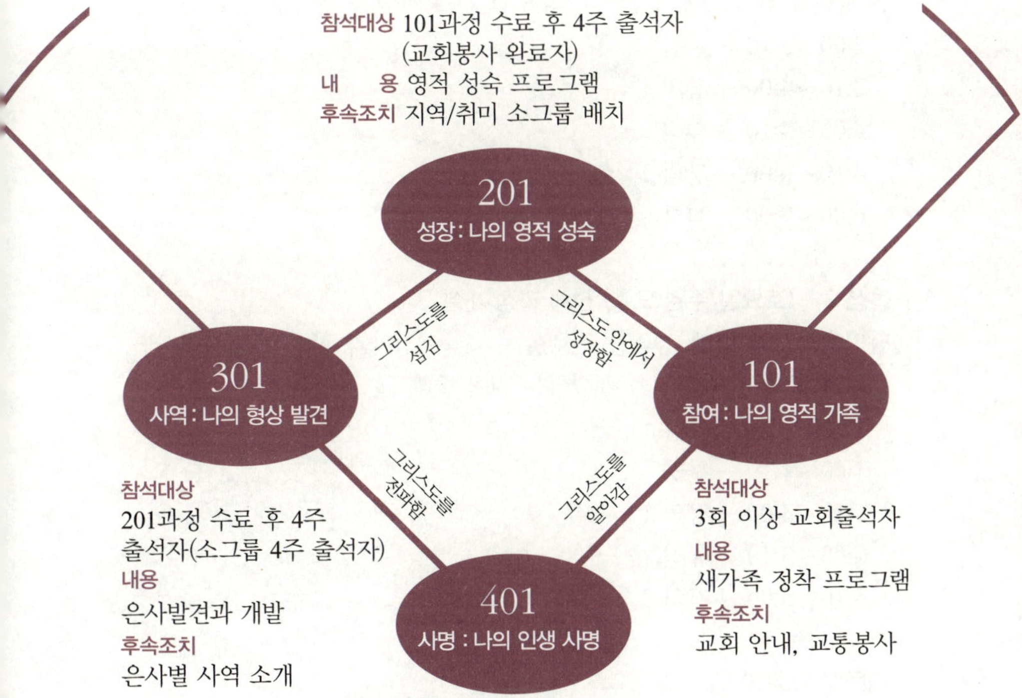

301 — 사역 : 나의 형상 발견
- 참석대상 201과정 수료 후 4주 출석자(소그룹 4주 출석자)
- 내용 은사발견과 개발
- 후속조치 은사별 사역 소개

101 — 참여 : 나의 영적 가족
- 참석대상 3회 이상 교회출석자
- 내용 새가족 정착 프로그램
- 후속조치 교회 안내, 교통봉사

401 — 사명 : 나의 인생 사명
- 참석대상 301과정 수료 후 4주 출석자 (사역 프로그램 참가자)
- 내 용 전도와 선교
- 후속조치 교회 전도/선교 프로그램 소개

(그리스도를 섬김 · 그리스도 안에서 성장함 · 그리스도를 전파함 · 그리스도를 알아감)

(1) One Day 세미나

새들백 교회에서 진행되는 〈목적이 이끄는 양육〉 세미나는 하루 4시간 동안 이루어지는 1일 집중과정이다. 매달 정해진 주의 같은 시간에 개설해서 진행하는 것이다. 하지만 교회에 4가지 모든 과정을 동시에 인도할 수 있는 목회자(혹은 평신도 지도자)가 없다면, 각 과정을 따로 개설하여 운영하여야 할 것이다.

옵션 1 - (토요일 오후) 하나의 강의 개설
담임목회자가 전체 강의를 진행해야 할 경우 주일 오후에 4시간을 할애하기가 쉽지 않을 것이다. 이런 경우는 토요일 오후에 강의를 개설하는 것이 좋다. 그리고 필요한 강의를 하나씩 해 나가면서 부교역자나 사모 혹은 평신도 리더 중에서 함께 강의를 해 나갈 사람을 준비해야 할 것이다.
 2:00 ~ 2:10 - 찬양
 2:10 ~ 4:00 - 강의 1
 4:00 ~ 4:10 - 휴식
 4:10 ~ 6:00 - 강의 2
 6:00 ~ 7:00 - 식사(만찬)

옵션 2 - (토요일/주일 오후) 전체 과정 개설
담임목회자와 함께 강의를 진행할 수 있는 강사와 장소가 충분하다면, 주일 오후에 전체 과정을 개설하는 것이 좋다.
 12:00 ~ 1:00 - 식사
 1:00 ~ 1:10 - 찬양
 1:10 ~ 3:00 - 강의 1
 3:00 ~ 3:10 - 휴식
 3:10 ~ 5:00 - 강의 2

새들백 교회의 예

새들백 교회는 주일 오후 3시에 시작해서 오후 7시 30분까지 프로그램을 진행한다. 선택과정으로 개설되는 프로그램은 고정적으로 반복되지는 않는다. 필요와 상황에 따라서 다른 프로그램으로 진행되기도 한다. 아래는 그동안 진행했던 과정들이다.

과정	새들백 프로그램
102과정	Victory in Christ
103과정	Developing Your Personal Relationship with God
104과정	How to Spread the Good News to Others
105과정	How to Begin to Build Disciples
202과정	Knowing Your Bible
203과정	Learning to Pray
204과정	Developing Values and Character
205과정	Discovering Your Potential For Ministry
302과정	Your Life Review
402과정	My Community
403과정	Crossing Cultures
404과정	Global - Getting Started

(2) 14~16주 과정(한국 교회 접목의 예)

교회의 상황에 맞추어 각 과정의 분량에 맞추어 3주 혹은 4주에 나누어서 인도할 수도 있다. 그러나 3~4주에 나누어서 진행하는 경우에는 참가자들의 결석하는 문제가 있고, 1일 집중 세미나보다 그 효율이 떨어지는 약점이 있다.

한국 교회 실정에서 〈목적이 이끄는 양육〉과정을 기초 양육 프로그램으로 정착시키기 위해서는 다음과 같이 필수과정 혹은 선택과정으로 나누어 사용할 수 있을 것이다. 이론적으로는 필수 양육과정인 14주 강의를 수료하고 각 과정의 4주간의 실천기간을 수료하면, 30주 안에 교회에 정착할 뿐만 아니라 교회의 철학을 이해하고 일정 부분 교회의 사역에 참여하는 성도로 성숙될 수 있다.

교회의 상황에 따라서 101~401까지 필수과정을 수료한 성도들 중에서 소그룹 리더의 자질을 가진 사람이 발견된다면, 다른 양육과정을 거치지 않고, 초급 훈련프로그램(제자훈련)으로 갈 수 있는 길을 열어 줄 수도 있을 것이다.

필수과정	내용
101과정(4주) 나의 영적 가족	100단위 선택과정을 수강하기 위해서 꼭 수료해야 할 교인등록과정
선택과정	대체 가능 프로그램
102과정	새신자반
103과정	목적이 이끄는 40일 캠페인(매년 1~2회 상설과정)
104과정	목적이 이끄는 삶 소그룹 시리즈(40주)
105과정	구약·신약의 파노라마(디모데 성경연구원)

필수과정	내용
201과정 나의 영적 성숙	200단위 선택과정을 수강하기 위해서 꼭 수료해야 할 양육과정

201과정을 개설하기 전 교회 내의 소그룹 사역이 활성화 되어 있는지 점검할 필요가 있다. 소그룹 리더 개발을 위해서는 국제제자훈련원의 〈목적이 이끄는 소그룹〉세미나, 〈균형 잡힌 소그룹 지도자〉세미나를 활용할 수 있다.

선택과정	대체 가능 프로그램
202과정	성경대학(크로스웨이, 베델 등)
203과정	교리대학(목적이 이끄는 기독교 기본교리 등)
204과정	일대일 양육(두란노)

필수과정	내용
301과정 나의 형상 발견	300단위 선택과정을 수강하기 위해서 꼭 수료해야 할 양육과정

301과정을 개설하기 전 교회 내의 사역 소그룹이 활성화되어 있는지 점검할 필요가 있다. 사역개발을 위해서는 국제제자훈련원의 『볼런티어 리더십 시리즈』를 참고할 수 있다.

선택과정	대체 가능 프로그램
302과정	네트워크 은사배치(프리셉트)
303과정	전방향 리더십(국제제자훈련원)

필수과정	내용
401과정 나의 인생 사명	400단위 선택과정을 수강하기 위해서 꼭 수료해야 할 양육과정

401과정을 개설하기 전 교회 내의 전도 프로그램이 활성화 되어 있는지 점검할 필요가 있다. 〈목적이 이끄는 양육〉은 영혼 구원에 중점을 두고 집필된 교재다.

선택과정	대체 가능 프로그램
402과정	공동체를 세우는 40일 캠페인(PD Korea)
403과정	전도폭발(국제전도폭발)
404과정	해외단기선교

인도자를 위한 팁 | 효과적인 사역을 위해

1. 현재 리더들을 먼저 참여시켜라. 기성 교회에서 〈목적이 이끄는 양육〉 프로그램을 접목할 때, 먼저 101과정부터 401과정까지 기존의 평신도 소그룹 리더들이 적극적으로 참여할 수 있도록 해야 한다.

2. 〈목적이 이끄는 양육〉 사역은 담임목사와 평신도 지도자가 팀을 이루어 열매를 맺는 사역이 되어야 한다. 그러기 위해서는 모든 교역자와 평신도 지도자들이 함께 참여해서 같은 철학을 공유해야 한다. 과정을 개설하는 것 자체로 열매를 맺는 것이 아니다. 담임목사와 담당 사역자는 각 과정의 내용과 철학을 충분히 습득해야 한다. 국제제자훈련원에서 출간한 13주 과정의 교회와 비전 시리즈 『목적이 이끌어 가는 교회』를 참고하라.

3. 〈목적이 이끄는 40일 캠페인〉을 먼저 실시한 다음 〈목적이 이끄는 양육〉 프로그램을 접목하는 것이 효과적이다.

목적이 이끄는 양육을 위한 준비 과정

1. 이 사역을 위한 중보기도 사역자를 모집해서 운영하라.

2. 집중세미나를 하기 위해서는 무엇보다도 홍보가 중요하다. 이메일, 교회 홈페이지, 소책자, 소그룹, 설교 시간을 통해서 〈목적이 이끄는 양육〉 과정의 목적과 유익에 대해서 널리 알려야 한다.

3. 편지를 이용해서 개별적으로 광고하라. 201과정을 수료한 교우에게 301과정에 참석할 것을 권유한다. 〈301과정 초청편지〉의 예는 부록을 참고하라.

4. 참가자의 숫자에 맞는 적당한 공간을 준비하라. 너무 커서 썰렁하지 않도록 하라.

5. 강의 시간 전에 너무 풍성한 식사는 오히려 강의를 방해한다. 샌드위치 정도의 간단한 음식을 준비하라. 식사 시간도 20분 정도로 빨리 마칠 수 있도록 하라.

6. 테이블에 공부할 모든 자료를 준비하라. 교재, 펜, 후속자료 등과 함께 물과 피로를 회복할 수 있는 간단한 간식을 준비하라. 특별히 물을 충분하게 준비해야 한다. 오래 앉아 있으려면 미네랄이 필요하다.

7. 가르치는 사람은 캐주얼한 복장이 좋다. 참석자들도 자연스러운 복장으로 참여하는 것이 좋다.

8. 가능하다면 둥근 테이블을 준비해서 참석자들이 자연스럽게 서로 대화할 수 있도록 하라.

9. 4시간 동안 참가자들의 자녀를 돌볼 수 있는 공간을 준비하고 자원봉사자를 모집하라.

목적이 이끄는 양육의 진행

1. 먼저 하나님께 찬양과 경배를 드리고 성령 충만의 은혜가 각 과정을 공부하는 동안 함께하도록 기도하라.

2. 4시간의 집중세미나 경험이 즐거운 시간이 되도록, 마치 파티에 참석하는 느낌을 갖도록 준비하라. 그렇게 되기 위해서는 4시간에 맞게 공부할 자료를 준비해야 한다. 너무 많은 양을 전하려다 보면 강의의 분위기가 가라앉을 수 있다.

3. 이 과정에 참여해서 따듯하고 부드러운 느낌을 받을 수 있도록 밝은 분위기를 만들어라.

4. 휴식시간을 적당하게 가지라. 그러나 휴식시간을 자주 가지면 집중력이 떨어진다. 4시간 강의 중 10분 정도의 시간을 한 번만 가지는 것이 좋다.

5. 강의할 때 참가자들이 강사를 통해서 섬김을 받는다는 느낌을 받을 수 있도록 하라.

6. 각 과정을 마칠 때마다 헌신을 요구하라. 과정을 마무리하면서 은혜로운 분위기 가운데 헌신 서약을 하는 것이 중요하다. 특히 교회 리더들이 서약에 응할 수 있도록 기대하며 그들을 이끌어라.

7. 어떤 이유로 헌신하지 않는 사람들이 있더라도 결코 실망하거나 낙심하지 말라. 헌신하지 않는 사람들은 언제나 있기 마련이다.

목적이 이끄는 양육의 행정처리

1. 다음 단계에 대한 안내를 확실하게 해야 한다. 철저한 후속사역 관리가 필요하다. 언제나 다음 과정에 대한 등록카드를 준비해 두고 곧바로 작성할 수 있도록 하라(등록신청은 받지만, 다음 단계 과정은 적어도 4주가 지난 이후에 시작해야 한다).

2. 각 과정을 마친 사람에게는 72시간 안에 연락을 해야 한다. 그래서 다음 단계에 등록할 수 있도록 안내해야 한다.

3. 수료자들에 대한 정보를 정리하라. 전화번호, 이메일 주소 등을 파악해서 계속해서 정보를 교환하고, 함께 참여해서 은혜를 나누게 되어서 감사하다는 감사 메시지를 꼭 보내도록 하라. 각 개인과 가족의 정보를 얻는 기회로 삼아라.

4. 지속적으로 발전하는 양육 세미나가 되기 위해서는 설문지를 활용해서 피드백을 받는 것이 좋다.

301 과정

사역 : 나의 형상 발견
The Purpose Driven Curriculum

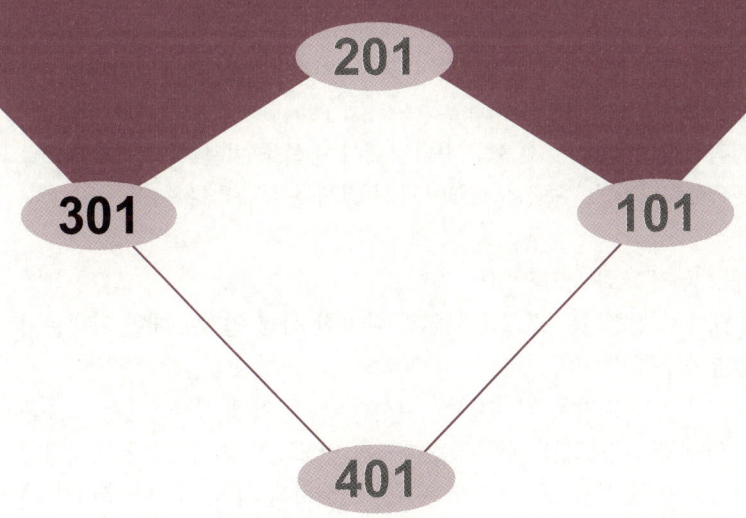

301과정의 개요

많은 교회들은 301과정과 관련된 프로그램에 약하다. 그러나 301과정의 중요성은 이루 말할 수가 없다. 왜냐하면 101과정을 통해서 출석교인들이 '교제'에 헌신하게 되고, 201과정을 통해서 비교적 쉽게 '성숙'으로 헌신하게 되었지만, '사역'으로 헌신할 수 있도록 하는 것은 그리 쉬운 일이 아니기 때문이다.

301과정 인도자가 먼저 해야 할 일 :
① 참가자용 73페이지의 '당신의 사역 발견 과정'과 여기에 해당하는 인도자 지침을 이용해서 전체적인 흐름을 익혀야 한다.
② 부록 A '우리 교회의 사역철학'을 정독한다.
③ 부록 C '나의 형상 발견 시간에 대한 안내'를 정독하고, 훈련된 평신도 형상 안내자를 발굴하기까지 형상 안내자 역할을 감당한다(형상 안내자 역할은 '인도자 지침서' 마지막 부분에 설명되어 있다).
④ 지침서를 이용해서 제 3장 '하나님께서 당신을 어떤 형상(SHAPE)으로 빚으셨습니까?'를 중심으로 301과정 전체를 학습한다.

준비물 : '우리 교회 사역 안내서'
교회 내에서 진행되는 소그룹 사역과 다양한 사역 영역에 대한 안내문이나 설명서를 준비하라.
  301과정의 인도자는 참가자들이 4시간(4주) 동안에 하나님께서 그들을 어떤 사람으로 만드셨는지를 발견하도록 인도해야 한다. 일단 하나님께서 우리를 어떤 사람으로 만드셨는지를 이해하게 되면 그분이 우리가 무엇을 하도록 만드셨는지도 이해하게 될 것이다.
  이 과정은 201과정을 수료한 후 적어도 4주의 실천기간을 거친 성도들을 대상으로 한다.

주의
- 301과정에서 제 3장은 좀 더 많은 시간이 할애되어야 한다. 따라서 201과정을 각 장별로 여러 주에 나누어 진행할 경우 인도자는 제 3장을 구성하고 있는 파트 I, II, III, IV, V를 적당하게 두 부분으로 나누어 인도하는 것이 좋다.
- 이 과정을 4시간 One Day 세미나로 진행할 경우 한 부분에 집중하다 보면 정해진 시간을 넘기기 쉽다. 적당한 시간조절이 중요하다. 깊이 없이 다루거나 너무 무리한 시간 사용을 자제해야 한다.

> **인도자를 위한 팁 | 시작하기 전에 잠깐!**
>
> 강의를 준비하면서 기도하는 것을 잊기가 얼마나 쉬운지 모른다. 기도가 중요하다는 것을 몰라서가 아니라, 잊어버리는 것이다. 명심하라. 기도를 잊지 말아야 한다. 강의안 표지에 '기도하라'라고 큰 글씨로 써 두는 것도 좋은 방법이다. 강의를 시작할 때마다, 새롭게 역사하실 하나님을 의지하라. "주님, 이 시간 제 힘과 능력만으로는 아무것도 할 수 없습니다. 오직 주님이 원하시는 일을 이들의 삶 속에 이루시기를 원합니다. 듣는 이들의 마음을 변화시키고 그들의 생각을 고치소서"라고 매시간 기도하라.

301 과정

사역 : 나의 형상 발견
The Purpose Driven Curriculum

301과정에 참여하신 여러분을 환영합니다!

301과정은 101과정부터 401과정까지 진행되는 우리 교회의 네 가지 필수 과정들 가운데 세 번째 과정에 해당됩니다. 이 과정들은 각각 이전 과정에 기초하여 세워지기 때문에 301과정을 들으시기 전에 "101과정/참여 : 나의 영적 가족"과 "201과정 / 성장 : 나의 영적 성숙"을 먼저 들으셔야 합니다.

> **인도자를 위한 팁 | 301과정의 기본 전제**
>
> 나의 '사역'은 '나의 특징'에 의해 결정된다. 하나님께서 나를 어떤 사람으로 만드셨는지에 따라서 하나님께서 원하시는 나의 길을 찾을 수 있게 된다. 내가 어떤 종류의 사람인가를 이해할 때만이 내가 창조된 목적을 이해하게 된다. 이 점이 나를 향하신 하나님의 뜻을 발견하는 비결이다. 하나님께서는 우리의 삶에 대해서 일관적인 계획을 갖고 계신다. 그분은 우리에게 '타고난 재능과 기질', '영적 은사'와 여러 가지 종류의 '경험'을 하게 하신 후에 그것들을 사용하지 않고 내버려 두시는 분이 아니시다. 우리는 이러한 요소들을 연구하고 조사해서 하나님께서 우리에게 맡기신 사역, 즉 우리가 하나님을 섬길 수 있는 독특한 길을 발견하게 될 것이다.

우리는 여러분이 301과정을 통해 사역을 위한 준비를 하기 전에 먼저 영적 가족인 교회의 성도로 등록하시고, 영적 성숙을 위한 세 가지 습관에 헌신했으리라 믿습니다. 교회등록과 영적 성숙은 "사역"을 위한 토대입니다.

> **인도자를 위한 팁**
>
> 참가자용 교재 6페이지에는 참가자들이 인도자와 함께 4시간 동안 공부해야 할 내용들이 소개되어 있다. 참가자들이 스스로 읽고 이 과정의 큰 그림을 그릴 수 있도록 하라.

1. 301과정을 통해 우리가 할 작업

1) 우리는 성경이 사역에 대해 무엇이라고 가르치는지 살펴볼 것입니다.
2) 우리는 우리 교회의 사역을 위한 전략에 따라 여러분의 사역에 초점을 맞출 것입니다. 우리는 여러분 각자의 "진정한" 자아를 형성해주고 있는 "다섯 가지 개인적인 요소들"을 살펴볼 것입니다. 이 다섯 가지 영역 안에서 여러분이 가지고 있는 구체적인 특성들을 명확히 확인함으로써, 하나님께서 여러분 각자를 위해 마련해 두신 사역이 무엇인지 분명하게 드러내실 것입니다.
3) 우리는 현재 우리 교회에서 섬길 수 있는 사역의 장이 어떤 것이 있는지, 우리 교회의 사역 전략은 무엇인지, 이런 사역들에 참여하기 위해서 무엇을 준비할 수 있는지를 배우게 될 것입니다.

2. 301과정의 목표

여러분 각자가 하나님께서 주신 형상(S.H.A.P.E.)을 받아들이고 하나님의 영광을 위해 그 형상을 사역에서 나타내기 위한 몇 가지 훌륭한 길들을 찾도록 돕는 것입니다.

제 1 장

섬김을 위한
우리 교회의 전략

"우리가 한 몸에 많은 지체를 가졌으나 모든 지체가 같은 직분을 가진 것이 아니니 이와 같이 우리 많은 사람이 그리스도 안에서 한 몸이 되어 서로 지체가 되었느니라"(롬 12:4-5).

I. 성경은 사역에 대해 무엇이라고 가르칩니까?

우리 교회는 섬김에 대해 "제도적인" 접근방식이 아닌 "개인적인" 접근방식에 초점을 맞춥니다.

우리 교회에서 펼쳐지는 사역은 <u>하나님</u>의 목적과 우리 지체들의 형상을 따라 결정됩니다.

우리 교회는 '기관을 중심으로 한 사역'보다는 '개인의 특성에 맞는 사역'에 더 중점을 둡니다. 기관 중심의 사역은 사업계획 중심으로 진행되기 때문에 사람들을 그저 수단으로만 여깁니다. 해야 할 일들의 목록을 작성하고 나서는, 그 일에 맞든지 맞지 않는지 상관없이 맡을 사람들을 찾아 나섭니다. 그리고는 "기관이 있고 해야 할 일들이 있으니 그 일들에 사람들을 맞출 것입니다"라고 하면서 사람들이 그 일에 맞지 않아도 어떤 일이든 맡도록 압력을 가합니다. 대부분의 교회들이 이런 식으로 사역을 맡기고 있습니다.

우리 교회는 정반대의 방식을 취합니다. 사람들 각자의 개성에 맞춘 사역에 중심을 둡니다. 정사각형의 마개를 둥근 구멍에 억지로 끼워 넣지 않습니다. 우리의 목표는 어떤 기관을 세우는 것이 아니라 사람을 세우는 것이기 때문입니다. 기관을 발전시키는 것보다는 여러분을 발전시키기를 원합니다.

우리는 참된 나를 형성하는 '다섯 가지 개인적 요소'에 초점을 둡니다. 이 다섯 가지 분야에서 각자 자신이 소유하고 있는 특정한 요소들을 확실하게 살펴보고 하나님께서 나를 통해 하시고자 하는 사역을 분명히 깨닫게 될 것입니다. 이 301강좌는 여러분의 삶을 바꿀 수 있습니다.

1. 성경은 목회자의 섬김과 역할에 대해 무엇이라고 가르칩니까?

"그가 혹은 사도로, 혹은 선지자로, 혹은 복음 전하는 자로, 혹은 목사와 교사로 주셨으니 이는 성도를 <u>온전케</u> 하며 봉사의 일을 하게 하며 그리스도의 몸을 세우려 하심이라"(엡 4:11-12).

'온전케 하며', '봉사의 일을 하게 하며'에 밑줄을 치십시오. '온전케 하며'는 준비시키신다는 뜻입니다. '봉사의 일을 하게 한다'는 사역을 하게 한다는 뜻입니다. 일을 하기 위해서는 먼저 준비가 되어야 한다는 것입니다.

성경은 이렇게 가르칩니다.

1) 목회자는 사역자를 세우는 <u>리더</u>입니다.
2) 성도는 <u>사역자들</u>입니다.

101과정에서 목회자는 '운영자(리더)'이고 평신도는 '사역자'라고 성경이 가르치고 있다고 나와 있습니다. 그것이 바로 우리 교회의 구조와 관련된 전반적인 전략입니다. 목회자의 임무는 사역을 하는 것이 아닙니다. '성도들이 사역을 할 수 있도록 준비시키는 것'이 목회자와 교사의 할 일이라고 성경은 말씀하고 있습니다.

인도자를 위한 팁

> 각 교회에서 301과정을 지도하는 사람은 교회의 지도자 입장에 있는 목회자일 것이다. 인도자는 "내가 이 교회에서 하고 있는 가장 중요한 일은 성도들을 준비시키는 것이다"라고 확신을 가지는 것이 중요하다. 릭 워렌 목사는 이 과정이 주일 아침 설교나 그 어떤 다른 것보다도 더 중요하다고 생각한다. 이 과정을 통해서 성도들이 사역이 무엇인지를 발견할 수 있기 때문이다.

2. 성경은 사역을 어떻게 정의합니까?

1) 헬라어 "디아코노스"(diakonos) = "섬기다"

헬라어로 '디아코노스'라는 단어는 '섬기다'라는 의미입니다.

2) 사역이란 하나님께서 내게 주신 것이 무엇이든 그것을 가지고 하나님과 다른 사람들의 필요를 섬기는 것입니다.

당신의 사역을 찾는다는 것은 하나님께서 나에게 무엇을 주셨는지를 찾는 것입니다. 바로 여기에서부터 시작됩니다. 하나님께서는 우리에게 주신 것으로 당신을 섬기고 이웃을 돕기를 기대하고 계십니다.

3. 우리 교회는 세 가지 방향으로 섬깁니다.

우리 교회의 사역은 세 가지 방향으로 진행됩니다. 위로 주님을 향하고, 안으로 성도들을 향하며, 밖으로 믿지 않는 사람들을 향합니다.

1) 주님을 향한 사역(행 13:2)

무엇보다도 우리는 예배를 통해서 주님을 향한 사역을 합니다. 하나님께서 우리에게 주신 것을 사용해서 예배를 드릴 때, 실제로 그분을 섬기는 사역을 하고 있는 것입니다.

2) 성도들을 향한 사역(히 6:10)

다음은 믿는 성도들을 위해서 사역을 합니다. 히브리서 6:10은 다른 성도들을 위한 사역에 대해 말씀하고 있습니다.

"하나님은 불의하지 아니하사 너희 행위와 그의 이름을 위하여 나타낸 사랑으로 이미 성도를 섬긴 것과 이제도 섬기고 있는 것을 잊어버리지 아니하시느니라."

3) 믿지 않는 사람들을 향한 사역(마 5:13)

또한 믿지 않는 사람들을 위해 사역을 합니다. 마태복음 5:13-14은 "너희는 세상의 소금이라. 너희는 세상의 빛이라"라고 말씀하고 있습

니다. 우리 교회의 모든 사역은 이 세 가지 방향으로 나아갑니다.

4. 우리 교회가 가지고 있는 사역의 목표는 무엇입니까?

1) 하나님은 우리를 사용하셔서 그리스도의 몸을 세우시기를 원하십니다.

2) 하나님은 다른 사람들이 자라도록 돕는 일에 우리를 사용하기 원하십니다.

우리 교회가 가지고 있는 사역의 목표는 위의 두 가지입니다. 우리 교회에 속한 모든 성도들은 그리스도 안에서 한 몸을 이루어 한 방향으로 나아가야 합니다. 그러기 위해서는 우리 교회에 속한 모든 성도들이 성장을 멈추지 말아야 합니다. 이런 우리 교회의 두 가지 사역 목표는 다음의 성경구절에 근거하고 있습니다.

> "그가 어떤 사람은 사도로, 어떤 사람은 선지자로, 어떤 사람은 복음 전하는 자로, 어떤 사람은 목사와 교사로 삼으셨으니 <u>이는 성도를 온전하게 하여 봉사의 일을 하게 하며 그리스도의 몸을 세우려 하심이라</u> 우리가 다 하나님의 아들을 믿는 것과 아는 일에 하나가 되어 온전한 사람을 이루어 그리스도의 장성한 분량이 충만한 데까지 이르리니"(엡 4:11-13).

> "섬기는 일은 여러 가지지만, 섬김을 받으시는 분은 같은 주님이십니다…각 사람에게 성령을 나타내 주시는 것은 공동 이익을 위한 것입니다…여러분은 그리스도의 몸이요, 따로 따로는 지체들입니다"(고전 12:5, 7, 27, 새번역).

'이는 성도를 온전하게 하여 봉사의 일을 하게 하며 그리스도의 몸을 세우려 하심이라', '각 사람에게 성령을 나타내 주시는 것은 공동 이익을 위한 것입니다'는 말씀에 밑줄 치십시오. 이것이 바로 사역의 목표입니다. 이것은 모든 교회의 사역 목표가 되어야 합니다. 하나님께서는 여러분 각자가 한 몸을 세우는 자, 즉 영적인 몸을 세우는 자가 되기를 원하십니다. 꼭 기억하세요.

5. 우리 교회가 가지고 있는 사역의 목표를 성취하는 방법은 무엇입니까?

우리는 교회의 5가지 목적을 이룸으로써 사역의 목표를 달성합니다.

> **인도자를 위한 팁**
>
> 이러한 사역의 방법은 '교회가 무엇을 위해 존재하는가?'라는 질문에 대한 대답으로 나오는 것이다. 확신에 찬 사역을 위해서는 먼저, 우리 교회의 존재목적을 확실히 해야 한다. 이것이 성경적이라는 확신이 있다면, 사역에 우리의 전 생애를 바칠 수 있을 것이다.

1) 하나님의 말씀을 <u>전함</u>으로써(전도) 엡 3:10

2) 하나님의 가족을 <u>돌봄</u>으로써(교제) 갈 6:2, 10

3) 하나님의 임재를 <u>기뻐함</u>으로써 (예배) 마 4:10; 요 4:23-24

4) 하나님의 사람을 <u>키움</u>으로써(훈련) 히 6:1; 벧후 3:18

5) 하나님의 사랑을 <u>나타냄</u>으로써(사역) 요 13:35; 고전 12:27

> **생각해 보십시오.**
> 당신은 어느 목적에 가장 열정적인가요?

> **인도자를 위한 팁**
>
> 우리는 제 3장에서 자세하게 우리의 은사와 열정을 발견할 것이다. 이 부분에서는 우리 교회가 사역의 목표를 성취하는 균형 잡힌 방법에 대해서 설명하고, 간단하게 자신의 성향을 점검하는 것으로 만족하라.

사람마다 예배, 교제, 전도에 대해서 각각 가지는 열정이 다를 수 있습니다. 하지만 가장 중요한 것은 균형입니다. 균형 잡힌 사역이 교회 내에 존재해야지만 건강하게 교회가 성장할 수 있습니다. 균형 잡힌 사역 가운데 어느 한쪽이 조금 더 강하게 나타난다면 이것은 바람직한 모습입니다. 그러나 불균형 가운데 이루어지는 특징적인 사역은 위험할 수 있습니다.

> **인도자를 위한 팁**
>
> 사람들이 예수님 주위로 모인 이유는 예수님께서 사람들의 육체적, 정서적, 경제적, 영적, 대인관계의 필요를 채워 주셨기 때문이다. 예수님은 자주 전도의 발판을 마련하시기 위해서 개인의 필요를 채워 주셨다. 사람들이 처음에 무슨 목적으로 예수님께 나오는지는 전혀 문제되지 않는다. 중요한 것은 그들이 예수님께 나온다는 사실 그 자체다. 일단 그들이 주님 앞에 나오게 되면 하나님은 그들의 동기나 가치 그리고 우선순위를 바꾸어 주실 것이다. 따라서 사람들에게 자신들의 필요를 채우려고 예수님께 나왔다는 죄책감을 느끼지 않게 해야 한다.
>
> 이를 설명하기 위해서 사람들이 외적으로 느끼는 필요(Felt Need), 예수님으로부터 채워야 하는 진정한 필요(Real Need)를 구분해서 설명하도록 하라.

6. 우리는 5가지 필요를 섬기는 데 초점을 맞춥니다.

1) 사람들의 영적인 필요

고린도후서 5:18은 "모든 것이 하나님께로서 났으며 그가 그리스도로 말미암아 우리를 자기와 화목하게 하시고 또 우리에게 화목하게 하는 직분을 주셨으니"라고 말씀하고 있습니다. 화목은 서로 대립하는 양측을 함께하게 만드는 것입니다. 별거한 부부가 화목해지려면 두 사람이 재결합하면 됩니다. 그것이 화목해지는 방법입니다.

성경은 그리스도인으로서 우리의 할 일, 우리의 사역은 사람들이 하나님과 화목하게 지내는 것이라고 말씀하고 있습니다. 하나님으로부터 분리되어 있는 사람들, 우리는 그들을 하나님과 하나 되게 해야 합니다. 골로새서 1:28을 함께 읽어 봅시다.

> "우리가 그(그리스도)를 전파하여 각 사람을 권하고 모든 지혜로 각 사람을 가르침은 각 사람을 그리스도 안에서 완전한 자로 세우려 함이니"(골 1:28).

'그리스도 안에서 완전한 자로 세우려 함'에 밑줄 치십시오. 어떤 사람도 그리스도 밖에서 진정한 영적인 필요를 충족시킬 수 없습니다. 그들은 물질을 통해서, 지식을 통해서, 이 부분을 채우려고 하지만 절대로 채워지지 않습니다. 우리는 그들에게서 돌봐야 할 영적인 필요들을 보게 됩니다.

2) 사람들의 육신의 필요

> "또 누구든지 제자의 이름으로 이 작은 자 중 하나에게 냉수 한 그릇이라도 주는 자는 내가 진실로 너희에게 이르노니 그 사람이 결단코 상을 잃지 아니하리라 하시니라"(마 10:42).

'냉수 한 그릇'에 밑줄 치십시오. 이런 실제적인 도움이 필요한 사람들

이 있습니다. 예수님께서는 자신의 이름으로 다른 사람에게 선한 일을 할 때마다 주님께 하는 것과 같은 것이라고 말씀하셨습니다. 주일학교 교사들은 어린아이 하나를 화장실에 데려다 준 것까지도 상을 받게 될 것입니다. 우리가 편하게 사용하는 모든 것들 뒤에는 그 일을 위해서 섬기고 있는 봉사의 손길들이 있습니다. 설거지, 아이 돌봐주기, 이발 시켜주기 등의 섬김의 사역이 존재합니다. 하나님께서는 모든 것을 기억하시고 상을 주십니다.

> "내가 주릴 때에 너희가 먹을 것을 주었고 목마를 때에 마시게 하였고 나그네 되었을 때에 영접하였고 헐벗었을 때에 옷을 입혔고 병들었을 때에 돌보았고 옥에 갇혔을 때에 와서 보았느니라…임금이 대답하여 이르시되 내가 진실로 너희에게 이르노니 너희가 여기 내 형제 중에 지극히 작은 자 하나에게 한 것이 곧 내게 한 것이니라 하시고"(마 25:35-36, 40).

인도자를 위한 팁

여러분 교회 안에 의복, 음식 등과 같이 단순히 사람들의 육신의 필요를 돌보는 사역이 운영되고 있다면, 간단하게 소개하도록 하라. 설명을 돕는 실제적 예가 될 것이다. 그러나 301과정의 전체적 진행을 방해하지 않도록 간단하게 설명하라.

3) 사람들의 감정적 필요

"또 형제들아 너희를 권면하노니 규모 없는 자들을 권계하노니 게으른 자들을 권계하며 마음이 약한 자들을 <u>격려하고</u> 힘이 없는 자들을 붙들어 주며 모든 사람에게 오래 참으라"(살전 5:14).

'격려하고'에 밑줄 치십시오. 사람들은 격려를 받을 필요가 있습니다. 사람들은 여러 가지 다른 종류의 감정적인 지지가 필요합니다. 권면이나 격려나 혹은 위로의 말이 곧 사역이 될 수 있습니다.

사람들은 격려를 받을 때 힘을 얻게 됩니다. 한 연구 결과에 의하면 회사에서 상관의 '격려'는 상여금(보너스)과 동일한 효과를 발휘한다고 합니다. 이 과정에 참석하고 계신 여러분들 중에는 바나바와 같은 격려의 사도들(행 4:32-37)이 있을 것입니다. 그런 분들은 우리 교회를 좀 더 즐거운 모임으로 만들 수 있습니다.

4) 사람들의 지적 필요

"너희는 이 세대를 본받지 말고 오직 마음을 새롭게 함으로 변화를 받아 하나님의 선하시고 기뻐하시고 온전하신 뜻이 무엇인지 분별하도록 하라"(롬 12:2).

'뜻이 무엇인지'에 밑줄 치십시오. 지적으로 복음을 알기를 원하는 사람들이 있습니다. 특히 그들은 이론적인 설명이 뒷받침될 때 더 복음을 잘 받아들이고, 그 사실이 진리인지 연구하고 고민하는 사람들입니다.

사도행전 17:11에서는 다음과 같이 베뢰아 교인들을 소개합니다. "베뢰아에 있는 사람들은 데살로니가에 있는 사람들보다 더 너그러워서 간절한 마음으로 말씀을 받고 이것이 그러한가 하여 날마다 성경을 상고하므로." 베뢰아 교인들은 지적인 갈급함이 더 많았던 사람들이라고 할 수 있습니다.

> "너희 마음에 그리스도를 주로 삼아 거룩하게 하고 너희 속에 있는 소망에 관한 이유를 묻는 자에게는 대답할 것을 항상 준비하되 온유와 두려움으로 하고"(벧전 3:15).

5) 사람들의 관계적 필요

"우리가 이 세상에서 특별히 여러분과의 관계에서 하나님이 주신 거룩하고 진실한 마음으로 살아온 것을 우리 양심이 증거하고 있으니

바로 이것이 우리의 자랑입니다. 더구나 우리는 사람의 지혜로 하지 않고 하나님의 은혜로 그렇게 했습니다"(고후 1:12, 현대).

'여러분과의 관계'에 밑줄 치십시오. 사람들은 관계에 대한 갈망이 있습니다. 그래서 새들백 교회는 '교제 사역'을 강조합니다. 소그룹 사역을 통해서 사람들이 관계적 필요를 채움 받을 수 있습니다.

우리 교회도 그 누구도 홀로 외롭게 신앙생활하기를 바라지 않습니다. 교회에서 제공하는 소그룹 모임에 참석하셔서 풍성한 성도의 교제를 맛보시기 바랍니다.

> **인도자를 위한 팁**
>
> 교회 내에 현재 진행 중인 소그룹 모임을 소개하는 간략한 시간을 가져도 좋다. 그러나 301과정의 전체적 진행을 방해하지 않도록 간단하게 설명하라.
> 3장에서는 사람들의 은사와 열정을 자세하게 발견할 것이다. 이 부분에서는 사람들의 필요를 채우는 방법에 대해서 설명하고 간단하게 자신의 성향을 점검하는 것으로 만족하라.

생각해 보십시오.
당신이 가장 크게 섬기고 싶은 사람들의 필요는 무엇입니까?

7. 사람들은 다양한 방법으로 사역을 이뤄 나갑니다.

1) 사역들을 통해

이 그룹에 속한 사람들은 그리스도의 몸인 교회를 섬기면서 튼튼하게 세워져 나갑니다. 이들은 성도들의 영적, 육체적, 감정적, 실제적, 관계적, 그리고 지적 필요들이 채워지도록 섬깁니다. 301과정과 연결된 '사역 팀들'이 이 영역에 힘을 쏟습니다.

2) 복음전파를 통해

이 그룹에 속한 사람들은 교회 내부와 지역사회의 불신자들을 섬깁니다. 이들은 불신자들의 영적, 육체적, 감정적, 실제적, 관계적, 그리고 지적 필요들을 섬기는 데 집중합니다.

3) 후원 그룹을 통해

이 그룹에 속한 사람들은 어떤 공통된 경험을 가진 사람들이 모여 서로를 섬깁니다. 후원 그룹의 사람들은 같은 종류의 경험을 갖고 있으며 이 영역에서 교육 받은 사람에 의해 지도를 받습니다. 그 지도자는 그룹에 참여하는 사람들이 하나님을 의지하는 가운데 서로를 도우면서 상황을 이길 수 있도록 이끕니다.

> **인도자를 위한 팁**
>
> 후원 그룹(Support groups)은 '긍휼의 은사'가 있는 사람들에게 매우 적절한 자리다. 새들백 교회의 어떤 후원 그룹은 '교회 소식지(주보)'에 소개된 출산, 졸업, 위기, 입원, 가족상과 같은 상황에 처한 교인들에게 위문 카드를 작성하는 일을 담당하고 있다. 격려의 말, 혹은 위로의 말 한마디면 후원 그룹에서 작은 역할을 감당할 수 있다.
>
> 공통된 경험을 가진 사람들이 함께 모여서 서로를 섬길 수 있다. 임신한 사람, 독신으로 사는 사람, 이혼을 경험한 사람, 같은 또래의 아이를 키우는 사람 등, 서로서로의 관심과 취미를 가지고 함께 모여 팀으로 서로를 격려하고, 함께 사역하고, 후원 그룹을 이룰 수도 있다.

4) 소그룹 교제를 통해

이 그룹에 속한 사람들은 성도들이며 함께 모여 주로 교제와 훈련(성경공부)에 힘을 씁니다. 이들은 함께 모여 서로를 돌봅니다.

8. 나의 사역을 발견하는 방법은 무엇입니까?(롬 12:1-8)

> **인도자를 위한 팁**
>
> 로마서 12:1-8에서는 사역에 대한 성경적 배경을 5단계로 소개하고 있다. 로마서 12장은 그리스도인들이 이 세상을 어떠한 자세로 살아야 할지에 대해서 다루고 있는 성경이다.
> "로마서 12장의 그리스도인은 하나님께 항복하고, 세상과 구별되어 살며, 올바르게 자기 평가를 내리고, 신자를 사랑으로 섬기며, 악을 행하는 자들에게 초자연적으로 반응한다."
> - 〈로마서 12장 그리스도인 세미나〉(디모데성경연구원)

1) 제 1단계 : 나의 <u>몸</u>을 드립니다.

우리는 우리의 삶을 예수님께 빚졌습니다. 구원을 통해서 과거를 용서받았고, 현재의 삶에 새로운 의미가 부여됐습니다. 그리고 미래를 확실히 보장받았습니다. 그래서 이 엄청난 혜택을 생각하면서 바울은 다음과 같이 고백합니다.

"그러므로 형제들아 내가 하나님의 모든 자비하심으로 너희를 권하노니 너희 몸을 하나님이 기뻐하시는 거룩한 산 제사로 드리라 이는 너희가 드릴 영적 예배니라"(롬 12:1).

여러분이 헌신하지 않았다면 아마 이 자리에 있지도 않았을 것입니다. 여러분은 그리스도께 삶과 몸을 헌신하시면서 "예수님, 저는 당신을 섬기기 원하기 때문에 저를 헌신합니다. 제가 다 이해하는 것은 아니지만 당신이 원하시는 모습이 되도록 저 자신을 헌신합니다"라고 말했을 것입니다.

2) 제 2단계 : 혼란케 하는 <u>방해물들</u>을 없앱니다.

헌신 이후에는 '방해가 되는 것들'을 제거하는 일이 뒤따라야 합니다. 우리는 초의 양쪽 끝에 불을 붙일 수 없습니다. 양쪽 끝에 불을 붙이는 것은 어리석은 일입니다. 하나님을 섬기는 일이 진지하다면 여러분의 삶에서 어떤 부분은 잘라 버려야 합니다. 꺼내서 버리지 않는데 끊임없이 다른 것을 집어넣을 수 없습니다. 그것은 텔레비전을 덜 보는 것일 수도 있고 취미생활일 수도 있습니다. 중요한 것들을 삶에 포함시키려면 덜 중요한 것을 포기해야 합니다. 다음 성경구절을 함께 읽어 보겠습니다.

"너희는 이 세대를 본받지 말고 오직 <u>마음을 새롭게 함</u>으로 변화를 받아"(롬 12:2).

'마음을 새롭게 함'에 밑줄 치십시오. 이것은 여러분 가운데 몇 사람이 취해야 할 단계입니다. 여러분이 사역에 참여할 수 없었던 이유는 삶이 사역 이외에 다른 것들로 채워져 있기 때문입니다.

3) 제 3단계 : 나의 <u>은사와 능력</u>을 평가합니다.
"마땅히 생각할 그 이상의 생각을 품지 말고 오직 하나님께서 각 사람에게 나눠 주신 믿음의 분량대로 <u>지혜롭게 생각하라</u>"(롬 12:3).

'지혜롭게 생각하라'에 밑줄 치십시오. 바울은 '생각하라'고 말합니다. 우리 각 사람은 강점과 약점을 동시에 가지고 있는 존재입니다. 여러분에게는 탁월한 영역이 있습니다. 동시에 아주 형편없는 영역도 있습니다. 목회자도 마찬가지입니다. 모든 강점에는 반드시 약점이 있기 마련입니다. 모든 약점에도 반드시 강점이 있습니다. 핵심은 바로, 내가 무엇에 뛰어난지를 발견하는 것입니다. 그리고 지혜롭게 분별해야 합니다.

자신의 강점을 부인하는 것이 겸손이 아닙니다. 겸손은 자신의 약점에 대해 정직한 것입니다. "저는 손재주가 있거든요"라고 말하는 데는 아무런 문제가 없습니다. 왜입니까? 하나님께서 그렇게 만드셨기 때문입니다. 여러분 가운데 어떤 사람들은 언어 사용이 뛰어납니다.

어떤 사람들은 숫자와 관계된 일에 뛰어납니다. 어떤 이들은 사람들을 잘 다룹니다. 하지만 어떤 사람들은 사람 다루는 일에는 형편없는 대신 물건을 잘 다룹니다. 프로젝트를 잘하는 사람도 있습니다. 하나님께서는 그리스도의 몸에 합당하도록 우리를 각기 다르게 만드셨습니다. 여러분의 강점을 평가해 보십시오.

> 참고 : 『목적이 이끄는 삶』 Day 35 '약함을 통한 하나님의 능력'

4) 제 4단계 : 다른 성도들과 협력합니다.
"우리가 한 몸에 많은 지체를 가졌으나 모든 지체가 같은 기능을 가진 것이 아니니 이와 같이 우리 많은 사람이 그리스도 안에서 한 몸이 되어 서로 지체가 되었느니라"(롬 12:4-5).

'한 몸', '서로 지체'에 밑줄 치십시오. 바울은 네 가지 매우 중요한 암시를 가지고 있는 '몸의 비유'를 사용하고 있습니다. 바울의 '해부학 강의'에서 이 네 가지 원리를 알 수 있습니다.

바울은 교회를 몸으로 비유합니다.
(고전 12:1-31 참조)

① 각 지체는 그리스도의 몸 안에서 사역자입니다.
② 각 지체는 서로 다른 기능을 가지고 있습니다.
③ 각 지체의 사역은 중요합니다.
④ 각 지체는 다른 지체들에게 속합니다.

"우리가…다 한 성령으로 세례를 받아 한 몸이 되었고…눈이 손더러 내가 너를 쓸데가 없다 하거나 또한 머리가 발더러 내가 너를 쓸데가 없다 하지 못하리라 그뿐 아니라 더 약하게 보이는 몸의 지체가 도리어 요긴하고…오직 하나님이 몸을 고르게 하여 부족한 지체에게 귀중함을 더하사"(고전 12:13, 21-22, 24 하).

'한 몸' 그리고 '몸을 고르게 하여'에 밑줄 치십시오. 우리는 서로서로 협력하는 관계 속에서 나가야 한다고 가르치고 있습니다. 우리는 다른 성도들과 함께 일합니다. 아무도 '고립된 섬'이 될 수 없습니다. 저는 여러분의 사역이 필요합니다. 여러분도 주위에 있는 다른 사람들의 사역이 필요할 것입니다.

5) 제 5단계 : 내가 가진 은사를 사용합니다.

"우리에게 주신 은혜대로 받은 은사가 각각 다르니 혹 예언이면 믿음의 분수대로, 혹 섬기는 일이면 섬기는 일로, 혹 가르치는 자면 가르치는 일로, 혹 위로하는 자면 위로하는 일로, 구제하는 자는 성실함으로, 다스리는 자는 부지런함으로, 긍휼을 베푸는 자는 즐거움으로 할 것이니라"(롬 12:6-8).

'은사'에 밑줄 치십시오. 은사의 뜻은 무엇입니까? 신령한 선물, 하나님께서 주신 영적 선물이라는 뜻입니다. 그러므로 예수 믿는 사람이 가지고 있는 은사, 선물은 다 하나님의 것입니다. 하나님의 것, 하나님이 주신 선물을 발견해서 사용하는 것은 당연한 일입니다. 그러나 은사가 개발되지 않고 사용되지 못하는 경우가 많습니다. 여러분들의 발견되지 않은, 그리고 개발되지 않은 은사들은 301과정을 통해서 발견되고 개발될 것입니다.

인도자를 위한 팁

301과정을 통해서 참가자들은 자신의 은사를 발견하게 될 것이다. 이 발견된 은사는 알맞은 사역을 만날 때 사역 속에서 극대화 될 것이다. 현대목회는 '함께하는 목회'(Shared ministry)로 정의될 수 있다. 목회자 홀로 뛰는 사역은 건강하지 못한 목회다. 자신의 은사를 발견한 성숙한 성도들과 함께 동역하는 것을 기대하라.

제 2 장
당신은 예수 그리스도의 사역자입니다

섬김에 대한 10가지 진리

"우리는 하나님의 작품입니다. 선한 일을 하게 하시려고, 하나님께서 그리스도 예수 안에서 우리를 만드셨습니다. 하나님께서 이렇게 미리 준비하신 것은, 우리가 선한 일을 하며 살아가게 하시려는 것입니다"(엡 2:10, 새번역).

우리는 301과정을 통해서 자신의 사역을 어떻게 발견하는지를 배우려고 합니다. 따라서 우리가 왜 사역에 관심을 가져야 하는지를 물어보는 것이 가장 중요합니다. 그러나 그 전에 왜 그러한 노력을 해야 하는지를 살펴보게 될 것입니다. 왜 이러한 것을 알아야 합니까? 성경에서 10가지 대답을 발견할 수 있습니다.

　17페이지를 보시기 바랍니다.

1. 나는 사역을 위해 <u>창조</u>되었습니다.

"우리는 하나님의 작품입니다. 선한 일을 하게 하시려고, 하나님께서 그리스도 예수 안에서 우리를 <u>만드셨습니다</u>. 하나님께서 이렇게 미리 준비하신 것은, 우리가 선한 일을 하며 살아가게 하시려는 것입니다"(엡 2:10, 새번역).

'만드셨습니다'에 밑줄 치십시오. 우리는 그리스도 예수 안에서 선한 일을 위해 지음 받았습니다. 사역을 위해 지음 받은 것입니다. 대부분의 사람들은 이 사실을 알지 못합니다. 여러분은 하나님이 미리 준비하셔서 우리로 행하게 하려 하신 선한 일, 즉 사역을 위해 지음을 받았습니다.

영어성경을 살펴보면 "우리는 그의 만드신 바라 그리스도 예수 안에서 선한 일을 위하여 지으심을 받은 자니"(For we are God's workmanship, created in Christ Jesus to do good works-NIV)라고 말하고 있습니다. 영어의 시(Poem)라는 단어는 헬라어의 '작품(workmanship)'이란 말에서 유래되었습니다. 우리는 하나님께서 당신의 손으로 만드신 예술 작품이라는 의미입니다. 공장에서 조립되어 나오는 똑같은 물건이 아니고, 세상에 하나밖에 존재하지 않는 맞춤형 진품, 명품인 것입니다. 자부심을 가지십시오.

2. 나는 사역을 위해 <u>구원</u>받았습니다.

"하나님께서는 우리를 구원해 주시고 또 <u>그분의 거룩한 일을 위해</u> 우리를 부르셨습니다. 그것은 우리의 선행으로 된 것이 아니라 하나님의 목적과 은혜로 된 것입니다"(딤후 1:9, 현대).

'그분의 거룩한 일을 위해'에 밑줄 치십시오. 하나님께서는 여러분이 구원을 받고 사역을 통해 그분을 섬기도록 계획하셨습니다. 성경은 모든 그리스도인들이 섬기기 위해 구원을 받았다고 가르치고 있습니다. 섬기지 않는 그리스도인은 빈껍데기일 뿐입니다. 우리가 구원받고 이 땅을 살아가는 햇수는 각자 다르고, 얼마나 쓰임 받을지도 알 수 없습니다. 따라서 우리는 감사하는 마음으로 사역에 임해야 할 것입니다.

3. 나는 사역을 위해 <u>부르심</u> 받았습니다.

"그러나 내 어머니의 태로부터 나를 택정하시고 그의 은혜로 <u>나를 부르신</u> 이가 그의 아들을 이방에 전하기 위하여 그를 내 속에 나타내시기를 기뻐하셨을 때에"(갈 1:15-16).

"너희가 부르심을 <u>받은</u> 일에 합당하게 행하여"(엡 4:1).

'나를 부르신'과 '받은 일에' 밑줄 치십시오. 왜 부르셨습니까? 문맥을 통해서 살펴보면 일을 시키기 위해서 부르셨다는 것을 알 수 있습니다. 그의 은혜로 부르셨습니다. 따라서 우리의 사역이 또한 '은혜'가 됩니다. 이것이 바울 사도의 가르침입니다.

"너희도…신령한 <u>제사</u>를 드릴 거룩한 <u>제사장</u>이 될지니라"(벧전 2:5).

'제사', '제사장'에 밑줄 치십시오. 우리가 스스로를 아무것도 아닌 존재로 바라볼 수 있습니다. 하지만 하나님은 우리를 제사장, 즉 사역자로 바라보시고 계십니다. 자존감의 문제로 어려움을 겪고 있다면 이 구절을 살펴보십시오. 여러분은 그리스도인이 되기 전에는 아무것도 아니었습니다. 그러나 이제 여러분은 특별한 존재입니다. 한때는 아무것도 아닌 존재였으나 이제는 하나님의 소유가 되어 제사장 사역을 하는 존재가 되었습니다. 다음 내용을 함께 한목소리로 읽어 보겠습니다.

나는 내가 생각하는 내가 아닙니다.
나는 당신이 생각하는 나도 아닙니다.
나는 진정 하나님께서 말씀하시는 나입니다.

여러분은 사역으로 부르심을 받았습니다. 모든 그리스도인들은 그리스도인이 된 순간부터 사역으로 부르심을 받은 것입니다. 나는 자신이 생각하는 그런 사람이 아닙니다. 나는 다른 사람들이 누구라고 생각하는 그런 사람이 아닙니다. 하나님께서 내가 누구라고 말씀해 주시는데, 그것이 바로 나의 참된 모습입니다. 그리고 하나님께서는 나의 가장 우선적인 신분이 남자, 여자, 남편, 아내, 아들, 딸, 아버지, 어머니가 아니라고 말씀하십니다. 하나님께서는 나의 우선적인 정체성이 '예수 그리스도의 사역자'에 있다고 말씀하십니다. 이것이 여러분의 삶 가운데 적용된다면 모든 것에 대한 관점이 순식간에 바뀔 것입니다.

> **삶을 변화시키는 진리 :** 나의 근본적 본질은 다음과 같습니다.
> 나는 예수 그리스도의 사역자다!

하나님께서는 내가 사역을 위해 지음을 받았고 구원을 얻었고 그리고 사역으로 부르심을 받았다고 말씀하십니다. 나는 예수 그리스도의 사역자입니다. 여러분이 그리스도인이 되었을 때, 사역자가 되었습니다. 성경이 이 사실을 분명하게 가르치고 있습니다. 다시 한 번 말하지만 나는 사역을 위해 부름 받고 지음 받았으며 구원 받았습니다.

사람들이 "당신의 교회에는 몇 명의 사역자가 있습니까?"라고 질문한다면 301과정을 수료한 모든 사람이 사역자라고 대답할 수 있습니다. 그들이 무엇을 묻는지 알고 있지만 질문이 잘못되었습니다. 사역자와 목회자는 차이가 있기 때문에 "목회자가 몇 명입니까?" 혹은 "전임 사역자가 몇 명입니까?"라고 물을 수는 있습니다. 그러나 '사역자가 몇 명인가?' 하는 것은 또 다른 문제입니다. 우리 모두가 사역자이기 때문입니다. 성경이 그렇게 가르치고 있습니다.

4. 나는 사역을 위해 은사를 받았습니다.

"각각 은사를 받은 대로 하나님의 여러 가지 은혜를 맡은 선한 청지기 같이 서로 봉사하라"(벧전 4:10).

'은사를 받은 대로'에 밑줄 치십시오. 로마서 12장, 고린도전서 12장, 에베소서 4장, 베드로전서 4장은 우리가 받은 은사들에 대해서 기록하고 있습니다. 성경이 말하는 은사 중 아무것도 가지지 않은 사람은 없습니

다. 오늘은 어떻게 여러분이 이 은사를 어떻게 발견할 수 있는지 이야기하게 될 것입니다.

5. 나는 사역하도록 <u>권한</u>을 위임받았습니다.

"하늘과 땅의 모든 권세를 내게 주셨으니 그러므로 너희는 가서 모든 민족을 제자로 삼아…"(마 28:18-19).

"그러므로 우리가 그리스도를 대신하여 <u>사신</u>이 되어…"(고후 5:20).

'사신'에 밑줄 치십시오. 사신은 왕권이나 왕위, 혹은 정부를 대표하는 사람을 말합니다. 성경은 여러분이 이 땅에서 그리스도의 사신이라고 말씀하고 있습니다. 누군가가 여러분에게 다가와서 "당신이 예수 그리스도의 사역자라는 말입니까?"라고 물으면, 당당하고 망설임 없이 "네, 그렇습니다"라고 말할 수 있습니다. 그들은 "당신이 누구라고 생각합니까?"라고 물을 수 있습니다. "저는 예수 그리스도의 권세를 받았습니다"라고 대답할 수 있습니다.

여러분이 그럴 만한 자격이 있어서가 아닙니다. 여러분은 그런 자격이 없습니다. 사실상 누구도 사역에 참여할 자격이 없습니다. 우리는 그리스도인이 될 자격도 없는 자들입니다. 그러나 그 모든 것이 하나님의 은혜입니다. 우리 교회의 모든 사역자와 여러분은 다른 사람들을 향해서 사역하도록 권세를 받았습니다. 그래서 예수님 말씀처럼 우리는 예수님보다 더 큰일도 할 것입니다(요 14:12).

6. 나는 사역하도록 <u>명하심</u> 받았습니다.

"너희 중에 누구든지 크고자 하는 자는 너희를 섬기는 자가 되고 너희 중에 누구든지 으뜸이 되고자 하는 자는 너희의 종이 되어야 하리라 인자가 온 것은 섬김을 받으려 함이 아니라 도리어 섬기려 하고 자기 목숨을 많은 사람의 대속물로 주려 함이니라"(마 20:26-28).

예수님께서는 그것이 선택의 문제가 아니라고 하셨습니다. 사역을 하지 않는 그리스도인은 하나님께 순종하지 않는 것입니다. 하나님께서는 우리가 예수 그리스도와 같이 되기를 기대하십니다. 바울은 "아킵보에게 이르기를 주 안에서 받은 직분을 삼가 이루라고 하라"(골 4:17)고 했습니다.

성취하는 삶을 사는 비결은, 하나님께서 당신을 지으신 목적에 맞는 사역을 발견하고 그 현장에 제대로 서 있는 것입니다. 여러분은 삶의 다른 어떤 영역에서보다 바로 그곳에서 성취감을 얻을 수 있을 것입니다. 왜냐하면 그것이 하나님께서 여러분에게 맡기시고자 하신 일이기 때문입니다. 그것을 얻기 위해서 자기 목숨을 버리라고 말씀하셨습니다. 우리는 사역을 감당하도록 명하심을 받았습니다.

7. 나는 사역을 위해 준비되어야 합니다.

"그분이 어떤 사람은…목사와 교사로 삼으셨습니다. 그것은 성도들을 준비시켜서, 봉사의 일을 하게 하고, 그리스도의 몸을 세우게 하려고 하는 것입니다"(엡 4:11-12, 새번역).

'준비시켜서'에 밑줄 치십시오. 이 구절은 때때로 목회자들을 두렵게 합니다. 왜냐하면 목회자는 '얼마나 성도들을 잘 준비시켰는가'로 평가된다고 성경에서 분명하게 가르치고 있기 때문입니다. 그것이 바로 이 강좌를 매우 진지하게 받아들이라고 말씀드린 이유입니다. 목회자는 주일 낮 설교를 얼마나 잘하느냐가 아니라, 하나님의 사람들을 '사역을 위해 어떻게 준비시켰는가'로 평가받게 될 것입니다.

8. 그리스도의 몸 된 교회가 나의 사역을 필요로 합니다.

우리 몸 속에 있는 '간'이 몸에게 이렇게 말한다면 어떻게 되겠습니까? "올해는 일하고 싶지 않군, 나는 휴가가 좀 필요해." 여러분의 간이 "나는 단지 영양 공급만을 원해"라고 말한다면 여러분은 "간 선생, 정말 미안하군. 하지만 자네는 내 몸의 일부이기 때문에 자네의 기능을 수행해야만 하네"라고 대답할 것입니다. 왜냐하면, 만약 간이 제 기능을 수행하

지 않는다면 몸 전체가 어려움을 겪을 것이기 때문입니다.

그리스도의 몸은 나의 사역이 필요합니다. 사역은 항상 전체 교회라는 상황 속에서 그 기능을 따라야 합니다. 그것은 어떤 부분적인 지체를 통해서 이루어지게 되어 있습니다. 왜냐하면 그리스도의 몸을 위한 것이기 때문입니다.

"너희는 그리스도의 몸이요 <u>지체의 각 부분</u>이라"(고전 12:27).

'지체의 각 부분'에 밑줄 치십시오. 제가 하나님께서 주신 사역을 완수하지 않을 때, 여러분은 낭패를 당하게 됩니다. 마찬가지로 여러분이 하나님께서 주신 사역을 완수하지 않을 때 저와 다른 사람들이 낭패를 당하게 될 것입니다. 우리는 모두 필요한 한 지체입니다.

사역은 항상 "교회 가족"의 배경 속에서 움직입니다. 많은 사람들이 이 교회 저 교회를 다니면서 자신들을 위한 교회가 존재한다고 생각합니다. 그러나 교회는 세상을 위해 존재한다고 성경은 말씀하십니다. 우리는 그리스도의 몸으로 세상을 위해 존재하는 것입니다.

"무리를 보시고 민망히 여기시니 이는 저희가 목자 없는 양과 같이 고생하며 기진함이라 이에 제자들에게 이르시되 <u>추수할 것은 많되 일꾼은 적으니</u> 그러므로 추수하는 주인에게 청하여 추수할 일꾼들을 보내 주소서 하라 하시니라"(마 9:36-38).

'추수할 것은 많되 일꾼은 적으니'에 밑줄 치십시오. 이것이 오늘날에도 여전히 사실일까요? 우리 교회가 속한 지역을 바라보십시오. 추수할 것이 참으로 많습니다. 우리는 미약하지만 우리의 말을 듣고 많은 사람들이 그리스도를 영접할 준비가 되어 있습니다. 그리스도의 몸은 나의 사역이 필요합니다.

9. 나에게는 사역할 책임이 있습니다.

"이러므로 우리 각 사람이 자기 일을 하나님께 직고하리라"(롬 14:12).

어느 날 우리는 하나님 앞에 서게 될 것이며 그분이 주신 달란트, 즉 은사와 능력을 어떻게 사용했는지 설명하게 될 것입니다. 그것이 바로 우리 교회가 이 301과정을 매우 중요하게 생각하는 이유입니다. 왜냐하면 우리 교회는 여러분이 마지막 학기 시험을 잘 준비하도록 돕고 싶기 때문입니다. 어느 날 하나님께서 여러분에게 다음과 같이 물으실 것입니다. "네가 받은 것으로 무엇을 했는가?" 여러분은 사역에 대한 책임이 있습니다.

달란트 비유 : 마 25:14-30

신약성경에는 달란트 비유와 같은 많은 비유들이 있습니다. 하나님께서는 어떻게 주인이 한 사람에게는 한 달란트를, 다른 사람에게는 다섯 달란트를, 그리고 또 다른 사람에게는 열 달란트를 주었고 몇 년 후 다시 돌아와 "그 달란트로 무엇을 했는가?"를 묻는다고 말씀합니다. 달란트를 가지고 아무것도 하지 않은 사람에게 그 주인은 "악하고 게으른 종아!"라고 말했습니다. 하나님께서 한 달란트를 주셨는데 그것을 사용하지 않은 것은 죄입니다. 하나님께서는 그대로 내버려 두실 수도 있지만 그렇게 하지 않으십니다.

10. 나는 사역을 통해 상을 받습니다.

하나님께서는 우리의 사역에 따라서 하늘에서 어떤 상을 받게 되는지가 결정될 것이라고 말씀하십니다.

"무슨 일을 하든지 마음을 다하여 주께 하듯 하고 사람에게 하듯 하지 말라 이는 기업의 상을 주께 받을 줄 아나니 너희는 주 그리스도를 섬기느니라"(골 3:23-24).

"잘하였도다 착하고 충성된 종아 네가 적은 일에 충성하였으매 내가 많은 것으로 네게 맡기리니 네 주인의 즐거움에 참여할지어다 하고"(마 25:23).

'기업의 상', '네 주인의 즐거움에 참여할지어다'에 밑줄 치십시오. 와서 주인과 함께 기쁨을 누리라는 말입니다. 성경은 우리가 사역을 위해 지음 받았고 사역을 위해 구원받았으며 사역을 위해 부르심을 받았다고 분명히 가르치고 있습니다. 하나님께서는 우리에게 사역을 감당하라고 명하셨으며, 감당할 수 있는 권세를 주셨고, 사역을 감당할 수 있도록 은사를 주셨으며, 목회자와 교사들을 통해 사역을 준비하게 하셨습니다. 그리스도의 몸은 우리의 사역이 필요합니다. 우리는 우리에게 맡겨진 사역에 책임을 져야 하며 그것을 근거로 하늘에서 상을 받게 될 것입니다.

제 3 장

하나님께서 당신을 어떤 형상(SHAPE)으로 빚으셨습니까?

당신은 하나님을 섬기도록 빚어졌습니다!

3장은 301과정에서 핵심적인 부분이다. 또한 테스트와 체크해 보는 내용이 많다. 따라서 시간을 잘 조절해야 정한 시간 안에 모든 과정을 다룰 수 있다.

하나님은 어떤 것도 헛되이 쓰시는 분이 아니다. 하나님이 당신에게 주신 영적 은사(S), 마음(H), 재능(A), 성격(P), 경험(E)은 모두 그분의 영광을 위해 쓰라고 주신 것이다. 따라서 참가자이 어떤 S.H.A.P.E가 있는지 확인하면 자신을 향한 하나님의 뜻을 발견할 수 있을 것이다. 그런 확신 가운데 이 장을 인도하도록 하라.

참가자용 교재 32페이지에 소개된 자료와 『목적이 이끄는 삶』의 네 번째 목적인 '우리는 하나님을 섬기기 위해 지금의 모습으로 지음 받았다'(Day29-Day35)를 참고하라.

주의 : 301과정에서 3장을 진행하는 데 필요한 시간이 절반 이상일 것이다. 따라서 이 과정을 각 장별로 여러 주에 나누어 진행할 경우 인도자는 제 3장의 I, II, III, IV, V 부분을 적당하게 두 부분으로 나누어 인도해야 할 것이다.

"내가 주께 감사하옴은 나를 지으심이 심히 기묘하심이라 주께서 하시는 일이 기이함을 내 영혼이 잘 아나이다 내가 은밀한 데서 지음을 받고 땅의 깊은 곳에서 기이하게 지음을 받은 때에 나의 형체가 주의 앞에 숨겨지지 못하였나이다 내 형질이 이루어지기 전에 주의 눈이 보셨으며 나를 위하여 정한 날이 하루도 되기 전에 주의 책에 다 기록이 되었나이다"(시 139:14-16).

형상(SHAPE)이란 무엇입니까?

> **인도자를 위한 팁 | SHAPE이란?**
>
> 이것은 새들백 교회 릭 워렌 목사가 각 개인의 사역이 어떤 것이 되어야 하는지를 결정해 주는 다섯 가지 요소를 설명하기 위해서 각 단어의 앞 글자를 따서 만든 것이다. 그 다섯 가지 요소는 영적 은사(Spiritual Gifts), 마음(Heart), 능력(Abilities), 성격(Personality), 경험(Experiences)이다. 이 교재에서는 이것을 '형상'(SHAPE)이라고 부른다.

1. 당신의 사역은 당신의 형상을 따라 결정됩니다.

하나님께서 나를 어떤 존재로 만드셨는가 하는 것은 내가 세상에 살면서 무엇을 해야 하는가를 결정해 줍니다. 내가 어떤 종류의 사람인지를 이해하게 될 때 하나님께서 나를 창조하신 목적도 이해할 수 있게 됩니다. 이것이 바로 내 인생을 향한 하나님의 뜻을 알게 되는 비결입니다. 하나님께서는 우리 각자의 삶을 위해 세우신 계획을 일관되게 이루십니다. 하나님께서는 사람들에게 타고난 능력, 개성, 영적 은사, 그리고 다양한 삶의 경험을 주시고 난 후에 그것들을 묻어두시는 분이 아니십니다. 하나님께서 이미 주신 것들을 검토하고 연구할 때, 우리는 하나님께서 우리 각자에게 맡기신 사역, 즉 우리에게 주신 하나님을 섬길 수 있는 "독특한" 사역을 찾게 될 것입니다.

하나님께서 내게 주신 형상을 찾아 하나님을 섬기는 일에 사용할 때 두 가지 결과를 얻게 됩니다.

1) <u>성취감(만족)</u>

2) <u>열매(생산성)</u>

2. 하나님께서 당신을 어떻게 빚으셨습니까?

"주의 손으로 나를 <u>빚으셨으며 만드셨으며</u>…"(욥 10:8 상).

'빚으셨으며 만드셨으며'에 밑줄 치십시오. 성경은 하나님께서 어머니의 모태에서부터 지금까지 사역을 위해 당신을 만들어 오셨다고 말씀하고 있습니다. 하나님께서 부모님과 환경을 주장하셔서 우리를 빚어 오신 것입니다.

하나님께서는 당신이 태어난 이후로 사역을 위해 당신을 빚으시고 만들어 오셨습니다. 사실, 하나님께서는 당신이 태어나기 이전부터 이미 당신을 독특하게 만들기 시작하셨습니다.

"내가 주께 감사하오음은 <u>나를 지으심</u>이 심히 기묘하심이라 주께서 하시는 일이 기이함을 내 영혼이 잘 아나이다 내가 은밀한 데서 <u>지음을 받고</u> 땅의 깊은 곳에서 기이하게 <u>지음을 받은 때</u>에 나의 형체가 주의 앞에 숨겨지지 못하였나이다 내 형질이 이루어지기 전에 주의 눈이 보셨으며 나를 위하여 정한 날이 하루도 되기 전에 주의 책에 다 기록이 되었나이다"(시 139:14-16).

'나를 지으심', '지음을 받고', '지음을 받은 때'에 밑줄 치십시오. 당신이 태어나기도 전에 하나님께서는 바로 오늘 당신이 이 강의실에 앉아서 이 본문을 공부할 것을 알고 계셨습니다. 그분은 당신이 태어나기도 전에 당신 인생의 모든 일들을 알고 계신 분이십니다.

1) 당신은 어떤 목적을 위해 빚어졌습니다.

이 모든 것은 우연이 아니라 이유가 있습니다.

2) 당신은 독특한 존재입니다.

세상에 나와 같은 사람은 없습니다. 하나님께서 내게 주신 사역을 감당하지 않으면 사역을 감당할 사람은 아무도 없습니다. 왜냐하면 하나님은 나를 독특하게 만드셨기 때문입니다.

3) 당신은 신모막측합니다.

"오, 사람아, 그대가 무엇이기에 하나님께 감히 말대답을 합니까? 만들어진 것이 만드신 분에게 '어찌하여 나를 이렇게 만들었습니까?' 하고 말할 수 있습니까? 토기장이에게, 흙 한 덩이를 둘로 나누어서, 하나는 귀한 데 쓸 그릇을 만들고, 하나는 천한 데 쓸 그릇을 만들 권리가 없겠습니까?"(롬 9:20-21, 새번역)

'어찌하여 나를 이렇게 만들었습니까?'에 밑줄 치십시오. 우리가 하나님께 반항해서 "왜 나를 이렇게 만들었습니까? 왜 나에게 더 빨리 읽을 수 있는 능력과 더 잘 말할 수 있는 능력을 주지 않으셨습니까? 왜 키가 더 크게, 작게, 날씬하게… 만들지 않으셨습니까?"라고 해서는 안 됩니다. 하나님께서는 우리를 특별하게 만드셨고 우리에게 주신 은사와 능력과 배경에는 특별한 계획과 의도가 있습니다.
　우리는 사역에 있어서 기능이 형태를 따른다고 말합니다. 건축은 정반대입니다. 건축은 형태가 기능을 따른다고 말합니다. 다른 말로 하면 건물에서 무엇을 하는가가 그 건물을 어떻게 짓는가를 결정하는 것입니다. 건축가들은 새 건물을 디자인하기 전에 먼저 "그 건물에서 무엇을 하실 겁니까?"라고 질문합니다. 즉 건물의 목적과 용도를 묻고 기능에 적합한 건물을 짓기 위해서입니다. 형태가 기능을 따라갑니다.

3. 당신의 사역은 여러 요소들에 의해 결정됩니다.

당신 자신이 누구인가에 영향을 미치는 다섯 가지 요소들이 있습니다. 성경은 우리를 '아름다운 종합체'(wonderful complex)라고 부릅니다. 이 말은 우리가 여러 가지 요소로 혼합된 존재라는 뜻입니다.

> "<u>은사</u>는 여러 가지나 성령은 같고 <u>직임</u>은 여러 가지나 주는 같으며 또 <u>사역</u>은 여러 가지나 모든 것을 모든 사람 가운데서 이루시는 하나님은 같으니 각 사람에게 성령의 나타내심은 유익하게 하려 하심이라" (고전 12:4-7).

'은사', '직임', '사역'에 밑줄 치십시오. 여러 가지 은사는 사역에 필요한 한 요소입니다. 직임(섬기는 방식)도 여러 가지라고 말합니다. 우리의 기질과 성품에 따라 달라지는 것입니다. 성령께서는 각 사람의 인생경험도 사용하십니다. 모든 것이 아름답게 연합하여 하나님의 일을 하게 되는 것입니다.

다시 한 번 말씀드리겠습니다. S.H.A.P.E.는 무엇입니까? 영적 은사(Spiritual Gifts), 마음(Heart), 능력(Abilities), 성격(Personality), 경험(Experiences), 다섯 단어의 아크로스틱(acrostic : 각 행의 첫 글자를 따면 말이 됨)입니다. 하나님께서 나를 사역을 위해 조성하셨다(shaped)는 성경말씀을 기억하십시오. 간단하게 이 다섯 가지를 먼저 살펴보겠습니다.

1) 영적 은사(Spiritual Gifts)

영적 은사에 대해서 우리는 다음과 같이 질문할 수 있습니다.

> 당신이 일할 수 있도록 받은 영적 은사는 무엇입니까?

2) 마음(Heart)

여기서 묻게 되는 질문은 다음과 같습니다.

당신은 어떤 일을 좋아합니까?

하고 싶은 일들이 있고 하기 싫은 일들이 있다는 것은 사실입니다. 그것이 마음입니다. 그러한 자연적인 경향을 어디서 얻게 되었을까요? 하나님께서 여러분 안에 두신 것입니다. 하나님께서는 사역이 짐이 아니라 복이 되기를 원하십니다. 그래서 자신에게 다음과 같이 묻는 것은 합당한 질문입니다. '내가 하고 싶어 하는 일은 무엇인가?' 하나님께서는 마음을 주시지 않는 사역을 맡기시지 않습니다. 은사와 마음을 살펴볼 때, 지금 그 사역이 하고 싶은 일인지, 내게 어떤 은사를 주셨는지, 내가 하고 싶어 하는 일은 무엇인지를 살펴봐야 합니다. 그러면 우리는 '내가 어떤 일에 마음을 두는가?' '나의 마음은 어떤 형상인가?'를 발견하게 될 것입니다. '즐기지 않으면 성공도 어렵다'라는 격언을 기억하십시오.

3) 능력(Abilities)

타고난 재능, 직업적 기술을 의미하며 그것들은 영적인 은사와는 다릅니다. 이것은 직업적 기술들입니다. 하나님께서는 사람들에게 능력을 주신다고 말씀합니다. 따라서 우리가 자신에게 물을 세 번째 질문은 다음과 같습니다.

당신이 가진 선천적인 능력은 무엇입니까?

4) 성격(Personality)

이것은 우리가 네 번째로 살펴볼 요소입니다. 우리는 모두 매우 다릅니다. 다른 개성과 여러 가지 기질들이 다양하게 조합해 있습니다. 따라서 자신에게 이렇게 물어봐야 합니다.

당신의 성격은 어디에서 섬기는 것이 가장 합당합니까?

당신이 내향적인 사람이라면 새신자 환영 사역에 참여하라고 권하지 않습니다. 당신에게 더 많은 스트레스를 주기 때문입니다. 당신에게 은사가 있고 하고 싶은 영역이 있는데 그것을 할 만한 개성이 없다면 엄청난 스트레스를 받게 됩니다. 하나님께서는 우리가 그런 일을 하기 원하시지 않습니다.

5) 경험(Experiences)

경험은 여러분이 참여해야 할 사역의 방향을 결정하는 것을 도와줍니다. 따라서 우리의 질문은 다음과 같습니다.

   당신은 어떤 경험을 가지고 있습니까?

자신의 개성과 경험이 가장 잘 발현되는 방식으로, 간절히 원하는 분야에서 자신의 은사와 능력을 사용할 때, 사역이 가장 효과적이며 성공할 것이라고 생각합니다. 여기서 성공이란 '하나님께서 나로 하게 하신 일을 하는 것'을 말합니다.
   바울의 경우를 예로 들어 보겠습니다. 그리고 자신에게 적용해 보도록 하겠습니다.

4. 사도 바울의 "형상"(S.H.A.P.E.)

바울의 영적 은사들, 그의 마음, 그의 능력, 그의 개성과 경험들을 살펴보면, 하나님께서는 바울을 사역에서 탁월하게 하시기 위해 어떻게 이 다섯 가지 은사를 사용하셨는지 알 수 있습니다.

1) 바울의 "영적 은사"(Spiritual Gifts)

   "내가 이 복음을 위하여 <u>선포자</u>(설교자)와 <u>사도</u>와 <u>교사</u>로 세우심을 입었노라"(딤후 1:11).

'선포자', '사도', '교사'에 밑줄 치십시오. 그는 세 가지 영적 은사를 가지고 있었다고 말합니다. 그는 복음 설교자였고 사도였고 교사였습니다. 우리는 이 세 가지는 확실히 알고 있습니다. 그는 적어도 이러한 세 가지 영적 은사(설교하는 것, 가르치는 것, 새로운 교회를 시작하는 능력의 은사인 사도직)를 가지고 있었습니다.

2) 바울의 "마음"(Heart)

바울은 그의 마음이 어떤지를 몇몇 구절에서 밝히고 있습니다.

> "또 내가 그리스도의 이름을 부르는 곳에는 <u>복음을 전하지 않기를 힘썼노니</u> 이는 남의 터 위에 건축하지 아니하려 함이라"(롬 15:20).

'복음을 전하지 않기를 힘썼노니'에 밑줄 치십시오. 그는 항상 다른 사람이 지은 곳에서는 짓지 않는다고 말했습니다. 그는 개척자였습니다. 그는 "나는 남의 터 위에 건축하지 않는다"라고 말했습니다. 갈라디아서 2:8에서는 "베드로에게 역사하사 그를 할례자의 사도로 삼으신 이가 또한 내게 역사하사 나를 이방인의 사도로 삼으셨느니라"라고 기록하고 있습니다.

두 성경구절을 종합해 보면 바울의 마음을 알 수 있습니다. 첫째, 그는 "나의 마음은 교회를 처음부터 세우는 것이다. 이미 교회가 있는 지역에 들어가는 것이 아니라 교회가 전혀 없는 곳으로 가려는 것이다"라고 말한 것입니다. 둘째, "교회가 없는 이방인들에게 가려는 것이다. 나는 하나님에 대해 알고 있는 유대인에게 가지 않을 것이다. 나는 이방인에게 갈 것이다"라는 두 가지 마음 말입니다. 그리고 사도행전 20:24은 다음과 같이 나와 있습니다. 그의 마음과 열정을 확인할 수 있는 성경구절입니다.

> "내가 달려갈 길과 주 예수께 받은 사명 곧 하나님의 은혜의 복음을 증언하는 일을 마치려 함에는 나의 생명조차 조금도 귀한 것으로 여기지 아니하노라"(행 20:24).

3) 바울의 "능력"(Abilities)

바울의 능력은 무엇이었습니까? 그의 은사와 더불어 특별한 직업적 능력과 타고난 재능이 있었습니다.

"그가 그 아내 브리스길라와 함께 이달리야로부터 새로 온지라 바울이 그들에게 가매 생업이 같으므로 함께 살며 일을 하니 <u>그 생업은 천막을 만드는 것</u>이더라 안식일마다 바울이 회당에서 <u>강론하고</u> 유대인과 헬라인을 권면하니라"(행 18:2 하-4).

'그 생업은 천막을 만드는 것', '강론하고'에 밑줄 치십시오. 이 구절은 바울이 가진 두 가지 다른 능력을 보여 주고 있습니다. 그는 그의 손을 사용해서 일하는 능력이 있었습니다. 그는 장막을 만들었습니다. 여러분 가운데 어떤 사람들은 공예에 뛰어난 재능이 있습니다. 그런 능력을 어디서 얻었다고 생각하십니까? 하나님께서 그것으로 무엇을 하기를 원하신다고 생각하십니까? 집안을 꾸미기 위한 장식물을 만드는 것이 아니라 사역에서 그 재능을 사용하기를 원하십니다. 어떤 사람들은 페인트칠을 잘합니다. 어떤 사람들은 매듭을 잘 짓고, 어떤 사람들은 물건을 잘 고칩니다. 사역에 그런 재능을 사용할 수 있는 자리가 있습니다. 바울은 장막(tent)을 만드는 자였습니다. 그것이 바로 그의 많은 편지들이 매우 간절히(intently) 쓰인 이유일지도 모릅니다.

그리고 바울은 또한 강론할 수 있는 능력이 있었습니다. 그는 뛰어난 강론가이자 탁월한 지성의 소유자였고 천재였습니다. 그는 신속한 판단 능력을 가지고 있었습니다.

4) 바울의 "성격"(Personality)

"내가 이전에 유대교에 있을 때에 행한 일을 너희가 들었거니와 하나님의 교회를 심히 <u>박해하여 멸하고</u> 내가 내 동족 중 여러 연갑자보다 유대교를 지나치게 믿어 내 조상의 전통에 대하여 더욱 <u>열심이 있었으나</u>"(갈 1:13-14).

'박해하여 멸하고', '열심이 있었으나'에 밑줄 치십시오. 이러한 구절들은 바울의 성격에 대해 말하고 있습니다. 그는 자신이 열심이 있는 사람이었고 사람들이 자신을 유대교 광신자로 알고 있었다고 말했습니다. 그는 또한 자신이 모든 사람보다 앞섰고 자신의 분야에서 최고의 자리에 있었으며 최선을 다했고 무한한 열정이 있었다고 말했습니다.

바울은 내향적인 사람입니까 외향적인 사람입니까? 의문의 여지가 없습니다. 그는 외향성 측정치를 훨씬 넘어설 만큼 외향적인 사람입니다.

5) 바울의 "경험"(Experiences)

바울의 영적 경험들은 무엇입니까? 그가 우리에게 말하는 수많은 경험들이 있습니다. 스데반이 돌에 맞아 죽는 것을 지켜본 것은 그의 인생에 강한 영향을 끼친 매우 깊은 영적 경험이었습니다. 그리고 다메섹 도상에서의 회심이 있습니다. 아라비아에서 3년 동안 연단을 받았습니다. 하나님께 받은 특별한 환상이 있습니다. 이러한 것들이 모두 바울의 삶을 형성한 영적인 경험들입니다. 좀 더 세분해서 살펴보겠습니다. 먼저 그의 영적인 경험입니다.

① 그의 영적인 경험
  - 스데반이 돌에 맞아 죽는 모습을 바라봄 (행 8:1)
  - 다메섹으로 가는 길에서 개종함 (행 9:1-20)
  - 아라비아에서 3년간 영적으로 성숙됨 (갈 1:18)
  - 하나님께서 보여 주신 특별한 환상을 봄 (고후 12:2-7)

여러분 스스로 질문해 보시기 바랍니다. '나는 어떤 영적 경험을 가지고 있나?' 이것은 주님과의 시간을 의미합니다. 수련회일 수도 있고, 주님께 더욱 가까이 갈 수 있었던 어떤 위기일 수도 있습니다.

여러분의 경험은 영향력을 가지고 있습니다. 그리스도인으로 살았던 기간을 돌아본다면 자신이 어떤 사역에 참여해야 할지 알 수 있을 것입니다.

② 그의 고난의 경험

고통스러운 경험들은 어떻습니까? 여기에 바울 사도가 겪은 고통스러운 경험들 중에서 극히 일부일 실례가 있습니다.

"내가 수고를 넘치도록 하고 <u>옥에 갇히기</u>도 더 많이 하고 매도 수없이 맞고 여러 번 죽을 뻔하였으니 유대인들에게 사십에서 하나 감한 매를 다섯 번 맞았으며 세 번 태장으로 맞고 한 번 돌로 맞고 세 번 <u>파선</u>하고 일 주야를 깊음 바다에서 지냈으며 <u>여러 번 여행</u>하면서 강의 위험과 강도의 위험과 동족의 위험과 이방인의 위험과 시내의 위험과 광야의 위험과 바다의 위험과 거짓 형제 중의 위험을 당하고 또 수고하며 애쓰고 여러 번 자지 못하고 주리며 목마르고 여러 번 굶고 춥고 헐벗었노라"(고후 11:23-27).

'옥에 갇히기', '파선', '여러 번 여행'에 밑줄 치십시오. 바울에게 상당히 많은 고통스러운 경험들이 있었습니다. 그러한 경험들은 그의 삶을 형성하는 요소가 되었습니다.

그는 외적인 고통뿐 아니라 내적인 고통도 있다고 말했습니다. 고린도후서 12:7에서는 이렇게 말합니다.

"여러 계시를 받은 것이 지극히 크므로 너무 자만하지 않게 하시려고 내 육체에 가시 곧 사탄의 사자를 주셨으니 이는 나를 쳐서 너무 자만하지 않게 하려 하심이라."

우리는 이것이 무엇이었는지 알지 못합니다. 하나님께서 바울의 가시가 무엇이었는지 의도적으로 우리에게 알리지 않으셨다고 생각합니다. 그래서 모든 사람들이 육체적 가시에 공감할 수 있었는지도 모릅니다. 어떤 사람들은 그가 '시력'이 좋지 않았다고 하고, 어떤 사람들은 그가 '간질'이 있었다고 생각합니다. 또 어떤 사람들은 '그의 아내'가 그의 가시였다고 생각하기도 합니다. 어떤 사람들은 '우울증'이라고 생각합니다. 수많은 이론(異論)들이 있지만 그것이 무엇인지 알지 못합니다. 그러나 사도 바울에게 자신이 원하는 만큼 온전하게 하나님을 섬기지 못하게 하는 장애가 있었다는 것은 분명한 사실입니다. 그는 그 가시가 참으로 자신의 유익을 위한 것이며 스스로 높이지 않게 만든다고 말했습니다.

여러분 자신에게 질문해 보시기 바랍니다. '나는 어떤 고난의 경험을 가지고 있나?' 많은 사람들이 고난의 경험을 간과합니다. 하지만 이것은 매우 중요합니다. 종종 자신의 고통스런 경험들이 사역을 결정하는 요소가 됩니다.

하나님께서는 종종 우리에게 고통스러운 경험을 겪도록 하십니다. 그리고 바로 그러한 동일한 고통 가운데 있는 다른 사람들을 돕는 사역을 시키시기 위해 그 고통 가운데서 우리를 위로하시고 치유해 주십니다. 알코올 중독을 경험한 사람은 알코올 중독으로 씨름하고 있는 사람에 대해 그 누구보다도 깊이 공감할 수 있습니다. 유산의 경험이 있는 사람은 유산으로 아이를 잃은 사람의 마음을 누구보다도 더 잘 알고 공감할 수 있습니다.

하나님께서는 결코 고통스러운 경험을 없애지 않으십니다. 어리석은 결정이나 실수로 인해 자신이 초래한 고통스러운 경험까지도 사역에 사용하기를 원하십니다.

> "상하게 때리는 것이 악을 없이하나니 매는 사람 속에 깊이 들어가느니라"(잠 20:30).
>
> "우리의 모든 환난 중에서 우리를 위로하사 우리로 하여금 하나님께 받는 위로로써 모든 환난 중에 있는 자들을 능히 위로하게 하시는 이시로다"(고후 1:4).

③ 그의 교육적인 경험
"나는…가말리엘의 문하에서 우리 조상들의 율법의 엄한 <u>교훈을 받았고</u>"(행 22:3).

'교훈을 받았고'에 밑줄 치십시오. 가말리엘은 그 당시 최고의 유대교 랍비였습니다. 현존하는 가장 유력한 성경학자에게 수학한 것과 마찬가지였습니다. 바울은 "나는 그 당시의 가장 위대한 성경학자에게서 개인적으로 가르침을 받았다"라고 말했습니다.

여러분 자신에게 질문해 보시기 바랍니다. '내가 가진 교육적인 경험은 무엇인가?' 여러분은 무엇을 배웠습니까? 여러분이 어떤 자격증을 가지고 있다면, 아마도 하나님께서는 그것을 사용하기를 원하실 것입니다. 어떤 다른 교육과정도 마찬가지입니다.

④ 그의 사역의 경험

사도행전을 읽어 보세요!

사도행전은 바울의 사역 경험에 대해 자세하게 이야기하고 있습니다. 여러분은 이러한 것들이 어떻게 바울의 삶을 형성했는지를 보게 되었습니다. 그것들은 매우 명백합니다.

여러분 자신에게 질문해 보시기 바랍니다. '나는 어떤 사역의 경험을 가지고 있는가?' 내가 이미 가지고 있는 사역 경험은 무엇입니까? 어떤 기회들을 이미 경험했습니까? 여러분 가운데 어떤 사람들은 경험이 많을 수도 있고, 또 어떤 사람들은 경험이 매우 적을 수 있습니다. 사역의 경험이 전혀 없다면, 경험을 위해서라도 우리 교회에서 제공하는 사역에 참여해 보시기 바랍니다.

이미 섬긴 적이 있다면 자신이 그것을 감당할 수 있다는 것을 증명한 것입니다. 따라서 하나님께서 여러분의 삶 가운데 무엇을 하고 계신지를 볼 수 있습니다.

> "이 세상에 오직 단 한 사람, 당신만이 할 수 있는 섬김, 즉 하나님을 위해 당신이 이루어야 할 사명을 당신만의 독특한 '왕국 목적'(Kingdom Purpose)이라고 할 수 있을 것입니다. 현재 당신이 이 '왕국 목적'에 집중하고 있는지, 이 왕국이 조각나 있는지 혹은 왕국 목적이 좌절되어 있는지 간단한 점검을 할 수 있습니다."
>
> 『목적을 이루는 삶을 위한 S.H.A.P.E.』 p.39

여러분 교재 27페이지의 안내문을 소리 내어서 읽고 은사 발견과정으로 넘어가도록 하겠습니다. 우리가 이 과정을 거치는 동안 마음속에 품고 있어야 하는 내용입니다.

인도자를 위한 팁

참가자용 교재 27페이지의 〈"나의 형상 발견" 작업에 대한 안내〉는 앞으로의 과정 진행에 있어서 매우 중요한 내용이다. 인도자는 이 내용을 인도자의 언어로 설명할 수 있다. 혹은 참가자 전체가 함께 한 목소리로 읽어도 좋다.

나의 형상 발견

"나의 형상 발견" 작업에 대한 안내

1. 흥미를 가지고 해 보세요! 이 과정은 "시험"이 아닙니다. 옳고 그른 대답이 없습니다. 나의 형상 발견 작업을 하는 목적은 당신이 얼마나 독특하게 만들어졌는지를 볼 수 있도록 도와드리는 것입니다.

2. 각 단계별 발견 작업은 당신 스스로가 당신을 검토하는 작업입니다. 어느 누구도 당신의 "등급을 매기려 하는 것"이 아닙니다. 우리는 다른 사람이 아닌 당신 자신이 당신의 형상에 대해 어떻게 느끼고 있는지를 알고 싶을 뿐입니다. 다음 각 단계별 발견 작업에서 당신은 자신의 반응을 먼저 기록한 후에 당신과 가장 가까운 사람들에게서 당신이 기록해 놓은 내용에 대해 더 보충하거나 필요한 것들이 무엇인지 물어볼 수 있습니다.

3. 당신의 형상을 발견하는 데 사용되는 각각의 도구가 가진 가치는 당신의 나이, 당신이 그리스도인으로서 살아온 기간, 당신의 배경, 당신의 솔직함에 따라 달라집니다. 또한, 당신이 이 발견 과정에 얼마나 많은 시간을 기꺼이 투자하면서 진지하게 생각하는지에 따라서도 달라지게 됩니다.

4. 각 단계별로 요구하는 것을 끝낸 후, "나의 형상 소개서"(부록 B, 82쪽 참조)에 그 결과를 기록하십시오. 그리고 당신의 "형상 발견 상담 시간"에 "형상 안내자"를 만나러 올 때 "나의 형상 소개서"를 가지고 오십시오.

I. 당신의 영적 은사를 발견하십시오

다섯 가지 우리의 형상(SHAPE)은 다음과 같습니다. 영적 은사(Spiritual Gifts), 마음(Heart), 능력(Abilities), 성격(Personality), 경험(Experiences). 그중에서 처음으로 나오는 '영적 은사(Spiritual Gifts)'에 대해서 알아보겠습니다.

> **인도자를 위한 팁**
>
> 성경은 은사의 종류에 대해서 숫자를 제한하거나 은사의 정의를 엄격하게 제한하지는 않는다. 성경말씀을 보면 주로 네 곳(롬 12:3-8, 고전 12:1-11, 27-31, 엡 4:1-11, 벧전 4:9-11 등)에서 은사를 주로 다루고 있다. 그러나 위의 본문에 포함되지 않은 다른 은사들을 언급하거나 예시하고 있는 다른 본문들도 있다. 모든 은사는 교회가 그 목적을 완수하는 것을 돕기 위해 주어지는 것이다.

1. 성경은 영적 은사에 대해 무엇이라고 가르칩니까?

많은 사람들이 영적 은사에 대해 잘 알지 못합니다. 세상에서는 여러 가지 수많은 거짓되고 어리석은 말들이 있습니다. 우리는 영적 은사들이 무엇이며, 어떻게 그것들을 얻으며, 언제 그 모든 것들을 얻게 되는지 이야기할 것입니다. 그러나 이 부분은 간략한 개요이기 때문에 매우 신속하게 살펴볼 것입니다.

"형제자매 여러분, 신령한(영적) 은사들에 대하여 여러분이 모르고 지내기를 나는 바라지 않습니다"(고전 12:1, 새번역).

영적 은사를 발견하는 가장 좋은 방법 가운데 하나는 사역에 직접 참여해 보는 것입니다. 많은 사람들이 자신의 은사를 알아내려고 애를 쓰고, 그런 다음 사역에 참여합니다. 그러나 사역에 참여해서 은사를 알아내는 방법은 정반대입니다. 사역을 하면서 자신이 무엇에 은사가 있는지 발견하게 됩니다.

> **인도자를 위한 팁**
>
> 인도자 자신이 사역을 하는 가운데 은사를 발견한 경우를 준비해서 이야기해 보라. 그러한 개인적인 경험을 참가자들에게 전달한다면 더 강력한 예화가 될 것이다.
>
> 예를 들어 릭 워렌 목사의 경우를 보자. 그가 전임 사역을 시작했을 때 음악 담당 교역자였다는 사실을 사람들은 모를 것이다. 그는 스스로 말한다. "제가 음악에 은사가 없다는 것을 사람들이 발견하는 데는 오랜 시간이 걸리지 않았습니다. 저는 음악에 대한 마음은 있었습니다. 그리고 노래와 작곡을 좋아했지만 그 영역에 대한 재능은 없었습니다. 저는 제가 설교자가 되리라고는 전혀 생각하지 못했습니다. 하지만 제가 설교를 시작했을 때 갑자기 하나님께서 이 일에 복을 주신다는 것을 보게 되었습니다." 사람들에게 도움을 주게 되면서 릭 워렌 목사는 설교에 은사가 있다는 것을 알게 된 것이다.

목록을 훑어보고 이해하는 것만으로는 은사를 발견하지 못할 것입니다. 하지만 그것들이 무엇인지에 대해서 전반적인 이해를 돕고자 합니다. 지금부터 1년 뒤에 여러분은 자신의 영적 은사가 무엇인지를 훨씬 더 잘 이해하게 될 것입니다.

여러분은 은사가 있습니다. 그 은사는 감추어져 있어서 풀어놓아야 하는 것일 수도 있습니다. 그것은 마치 태어날 때 육신에 속한 감각들(듣고, 만지고, 맛보고, 냄새 맡고, 느끼는)을 갖게 되는 것과 마찬가지입니다. 아기는 그런 감각을 자신이 소유하고 있다는 사실을 알지 못합니다. 자라면서 알게 되는 것입니다. "나는 냄새를 맡는 감각이 있군. 나는 들을 수 있는 감각이 있군." 태어날 때부터 이미 감각이 있었지만 성장할 때까지 이해하지 못하는 것입니다. 영적 은사도 마찬가지입니다.

"영적 은사란 다른 사람들을 섬겨 그리스도의 몸 된 교회를 세우는 데 사용하도록 모든 성도가 거듭날 때에 성령님께서 주신 특별한 능력입니다."

주목하십시오. 영적 은사는 특별한 능력입니다. 그것은 재능과 다른 것입니다. 성령님께서 모든 성도에게 주시는 것입니다. 많은 사람들이 자신에게 은사가 있다는 것을 알지 못합니다. 하지만 모든 그리스도인은 적어도 한 가지 이상의 영적 은사가 있습니다.

2. 영적 은사를 주신 목적은 무엇입니까?

   1) 당신의 유익을 위해서가 아니라, 다른 사람들의 유익을 위해서 주셨습니다.

   이것은 매우 중요한 진리입니다. 영적 은사는 나의 유익을 위한 것이 아니라 다른 사람의 유익을 위한 것입니다.

   "각각 은사를 받은 대로 하나님의 여러 가지 은혜를 맡은 선한 청지기같이 서로 봉사하라"(벧전 4:10).

   "각 사람에게 성령을 나타내 주시는 것은 공동 이익을 위한 것입니다"(고전 12:7, 새번역).

   '선한 청지기', '서로 봉사', '공동 이익'에 밑줄 치십시오. 어떤 사람들이 가르치고 생각하는 것과는 반대로, 여러분에게 은사가 있다는 것은 자신이 유익을 위해 사용하라는 뜻이 아닙니다. 자신의 복을 위한 것이 아니라 다른 사람들을 복 주시기 위한 것입니다. 교회를 복 주시기 위한 것입니다. 교회 전체를 돕기 위한 것입니다. 사실상 교회 밖에서 사용되는 영적 은사는 성경적으로 사용하는 것이 아닙니다. 하나님께서는 그것들을 교회를 통해서 사용되도록, 그리고 몸을 세우는 데 사용되도록 하셨습니다.

   2) 당신이 속한 교회의 성도들이 성숙하고 견고해지도록 돕기 위해 주셨습니다.

"그가 어떤 사람은 사도로, 어떤 사람은 선지자로, 어떤 사람은 복음 전하는 자로, 어떤 사람은 목사와 교사로 삼으셨으니 이는 … 그리스도의 몸을 세우려 하심이라 우리가 다 … <u>하나</u>가 되어 <u>온전한 (성숙한) 사람을 이루어</u> … 이는 우리가 이제부터 어린아이가 되지 아니하여 … 온갖 교훈의 풍조에 밀려 요동하지 않게 하려 함이라" (엡 4:11-14).

'하나', '온전한(성숙한) 사람을 이루어'에 밑줄 치십시오. 아마도 여러분 대부분은, 주를 섬기는 일을 올바로 시작했으나 어떤 이단에 접하게 되고 이상한 데로 빠지게 된 그리스도인을 적어도 한 사람쯤은 알고 있을 것입니다. 왜입니까? 그들 주위의 그리스도인들이 그들이 자라고 견고하게 되도록 돕는 데 자신들의 영적 은사를 사용하지 않았기 때문입니다. 여러분이 은사를 사용할 때만이 성도들이 '성숙'해지고 '견고'해질 수 있습니다.

3) 당신이 교회에서 감당해야 할 주된 사역과 부차적인 사역이 있음을 깨닫게 해줍니다.

① 나의 <u>주된(1차적)</u> 사역은 내가 은사를 받은 영역에서 섬기는 것입니다.
② 나의 <u>보조(2차적)</u> 사역은 그리스도의 몸인 다른 어떤 영역에서든지 나를 <u>필요</u>로 할 때 섬기는 것입니다.

그 차이를 어떻게 알 수 있습니까? '주된 사역'에서 헌신하려면 내가 받은 은사의 영역 안에서 이루어져야 합니다. 우리는 자신의 주된 사역이 무엇인지를 결정해야 합니다. 또한 나에게 은사는 없지만 교회가 필요로 하는 어떤 영역에서든지 섬기는 것이 나의 '보조 사역'입니다.

예를 들자면 이렇습니다. 나는 긍휼의 은사가 없습니다. 그런데 누군가 쓰러지는 것을 보게 되었다고 합시다. "그 사람을 도울 은사는 내게 없군"이라고 말할 수는 없습니다. 전적으로 구제 사역을 할 만한 긍휼의 은사는 내게 없지만 모든 그리스도인은 그러한 상황에서 긍휼을 발휘해야 합니다.

어떤 사람들은 돈버는 능력과 그것을 베푸는 능력이 있다고 합시다. 그것은 그들의 은사입니다. 그러나 나머지 다른 사람들은 자신에게 그런 은사가 없기 때문에 베풀지 못한다고 말한다면 그것은 변명밖에 되지 못합니다. 저는 베푸는 은사가 없습니다. 하지만 "저는 그리스도인이기 때문에 베풀도록 부르심을 받았습니다." 이러한 고백이 모든 그리스도인의 고백이 되어야 할 것입니다.

따라서 보조 사역이라는 것은 내가 필요할 때 기꺼이 섬기고 돕겠다는 것을 의미합니다. 만약 의자를 배열하는 데 내가 필요하다면 기꺼이 도와야 합니다. "그것은 제 은사가 아닙니다"라고 말할 수 없습니다. 그냥, 가서 의자들을 배열해야 합니다. 왜냐하면 나는 그리스도의 종이기 때문입니다. 그리고 예수님은 "크고자 하는 자는 모든 사람의 종이 되는 것을 배워야 한다"고 말씀하셨습니다. 주일 학교를 섬겨달라고 부탁을 받으면 나는 도울 것입니다. 은사가 있어서가 아니라 그것이 보조 사역이 되기 때문입니다. 나의 주된 역할은 아니지만 교회의 유익을 위해서 기꺼이 그 일을 하는 것입니다.

> "또 우리 사람들도 열매 없는 자가 되지 않게 하기 위하여 필요한 것을 예비하는 좋은 일에 힘쓰기를 배우게 하라"(딛 3:14).

3. 영적 은사들에 대한 10가지 사실

1) 오직 예수 믿는 자들만 영적 은사들을 가지고 있습니다.
   고전 2:14

2) 모든 그리스도인은 적어도 한 가지 영적 은사를 가지고 있습니다.
   고전 7:7

3) 그 누구도 모든 은사를 다 받지 못합니다.
   고전 12:27-30

왜입니까? 누군가 모든 은사를 다 받는다면 그는 다른 사람이 전혀 필요하지 않을 것입니다. 그러나 하나님께서는 어떤 사람에게도 모든 은사를 다 주시지 않습니다. 왜냐하면 그분은 우리가 서로를 의존하기 원하시기 때문입니다. 그분은 우리가 서로를 필요로 하기를 원하십니다. 아무도 "나는 자립적인 존재여서 당신이 필요하지 않습니다. 나는 교회도 필요 없습니다"라고 말할 수 없게 하셨습니다. 모든 은사를 다 가진 사람은 아무도 없습니다.

4) <u>모든</u> 사람들에게 주어진 은사는 하나도 없습니다.
  고전 12:29-30

마찬가지로 하나님께서는 다양함을 원하십니다. 모든 사람이 다 가지고 있는 은사는 하나도 없습니다.

5) 영적 은사는 노력해서 <u>획득</u>하거나 일의 대가로 얻을 수 없습니다.
  엡 4:7

노력이나 일의 대가로 얻는다면 용어상으로 모순이 됩니다. 은사는 은사입니다. 그것은 하나님께서 주시는 것이지 노력이나 무엇의 대가로 받는 것이 아닙니다. 구원과 마찬가지입니다. 하나님께서 주신 선물입니다.

6) <u>성령님</u>께서 내가 받는 은사를 결정하십니다.
  고전 12:11

여러분은 "나는 가르치는 은사, 긍휼의 은사를 정말 받고 싶습니다"라고 말할 수 있습니다. 하지만 그것은 우리의 소망일 뿐입니다. 성경은 성령님이 누구에게 어떤 은사를 주실 것인지를 결정하신다고 말씀하고 있습니다. 성령님의 주권 아래에서 이루어지는 일입니다.

7) 내게 주어진 은사는 영속적으로 나와 함께합니다.
    롬 11:29

내게 주어진 은사들은 영속적입니다. 일단 은사를 받았으면 일생 동안 가지게 됩니다. 하나님께서는 그것을 가져가시지 않으십니다. 영속적입니다.

8) 나는 하나님께서 내게 주신 은사를 개발해야 합니다.
    딤전 4:14

은사를 받았을 때 그것들은 '씨앗의 형태'로 주어졌습니다. 마치 근육과 같아서 운동을 하면 할수록 더욱 강해질 수 있습니다. 영적 은사를 많이 사용하면 할수록 더욱 강해질 것입니다. 또한 발전하게 됩니다. 우리는 하나님께서 주신 은사들을 개발해야 합니다.

> **새들백 이야기 :**
> 릭 워렌 목사는 하나님께서 자신에게 주신 은사 중 한 가지는 '격려의 은사'라고 한다. 그리고 그의 은사는 설교에서 사용이 된다. 그는 사람들을 격려하는 것을 좋아한다. 그가 은사를 사용하면 할수록 은사를 통해서 더욱 자라는 것을 경험한다고 말한다.

9) 하나님께서 내게 주신 은사를 소홀히 여기는 것은 죄입니다.
    고전 4:1-2

하나님께서 내게 주신 은사를 낭비하는 것은 죄입니다. 반대로 하나님께서 주신 은사를 통해서 열심히 사역하는 것은 하나님의 마음을 기쁘게 해 드리는 것이고, 인생을 보람되게 사는 길입니다.

10) 나는 은사를 활용함으로써 하나님께 영광을 돌리며 더욱 성장하게 됩니다.
　　요 15:8

우리는 은사를 사역현장에서 사용하면서 열매를 맺게 되고, 그 과정과 열매를 통해 하나님을 영화롭게 해 드립니다.

4. 영적 은사에 대해 이해할 때 주의할 점은 무엇입니까?

1) 은사를 자연적 재능과 혼동하지 마십시오.

누군가 저는 "물건 파는 일을 잘합니다"라고 말할 수 있습니다. 그것은 직업적 기능입니다. 그것은 능력이지 영적 은사는 아닙니다. 다음은 자연적 재능들과 영적 은사들의 차이점에 대한 대략적인 설명입니다.

　① 자연적 재능들은
　　- 태어날 때 주어집니다.
　　- 육신의 부모로부터 전수 받습니다.
　　- 출생하는 순간부터 함께합니다.
　　- 세상적 차원에서 사람들에게 혜택을 줍니다.
　　- "사람이 세운 계획"을 추진시켜 줍니다.
　　- 결과는 보통 일시적입니다.
　　- 나 자신을 영광스럽게 합니다.

　② 영적 은사들은
　　- 예수 믿을 때 주어집니다.
　　- 성령님께서 주십니다.
　　- 그리스도께 나 자신의 생명을 드리는 순간부터 함께합니다.
　　- 영적 차원에서 사람들에게 혜택을 줍니다.
　　- "하나님의 계획들"을 추진시켜 줍니다.
　　- 결과는 항상 영원합니다.
　　- 하나님을 영광스럽게 합니다.

2) 은사를 성령의 열매와 혼동하지 마십시오(갈 5:22-23).

'성령의 은사'는 '성령의 열매'와 다릅니다. 성령의 열매는 나의 '성숙'을 보여 줍니다. 은사는 나의 '사역'을 보여 줍니다. 이 차이는 매우 중요합니다. 성령의 열매는 갈라디아서 5:22-23에 나와 있습니다. 사랑, 희락, 화평, 오래 참음, 자비, 양선, 충성, 온유, 절제입니다. 이것들은 나의 성숙을 보여 줍니다.

① 성령의 열매는
 - 나의 성숙을 보여 줍니다.
 - 그리스도인의 성품을 빚어줍니다.
 - 모든 그리스도인들에게 공통됩니다.
 - 성숙됨의 증거입니다.
 - 지속적으로 유효합니다.
 - 소원하는 성품의 요소들입니다.

영적 은사를 가진 사람이 영적으로 성숙하지 못할 수도 있습니다. 영적 은사는 그리스도인이 되는 그 순간에 얻게 됩니다. 그리스도인이 되었을 때, 영적 은사를 받게 되고 그래서 교사로서 은사가 있을 수 있으나 가르칠 만큼 성숙하지 않을 수 있습니다. 여러분은 성장해야 하고 발전해야 합니다. 그래서 우리는 '열매'와 '은사'가 모두 필요합니다.

② 영적 은사들은
 - 나의 사역을 보여 줍니다.
 - 그리스도인의 섬김을 빚어줍니다.
 - 각 그리스도인마다 다릅니다.
 - 성실함의 증거입니다.
 - 하나님은 은사들을 재조정 할 수 있습니다.
 - 사역을 위한 방법이며 도구입니다.

3) 은사와 그리스도인의 사명과 혼동하지 마십시오.

예를 들어 목회를 하고 양들을 돌보는 것은 영적인 은사입니다. 그것은 다른 사람들의 영적 필요를 돌보는 능력입니다. 목회의 은사는 목회자로서의 역할이나 직분과는 다를 수 있습니다.

> **새들백 이야기 :**
> 릭 워렌 목사는 자신을 이렇게 평가한다. "저는 목회자의 역할을 하고 있으나 목회의 은사는 없습니다. 저는 지도자의 은사 그리고 가르치는 것과 격려의 은사는 있으나 목회의 은사는 없습니다. 사실 저의 아내가 그런 은사가 있습니다. 제 아내는 훨씬 나은 목회자요 목자입니다. 사람들을 일대일의 관계로 돌보는 능력이 저보다 훨씬 뛰어납니다."
> 당신이 '목회자'가 아니더라도 목회나 양을 돌보는 은사가 있을 수 있습니다. 그 둘 사이를 혼동하지 마십시오.

4) 다른 사람에게 자신의 은사를 투영하는 경향을 조심하십시오.
 (내가 잘 섬기는 방식으로 다른 사람들도 섬겨야 하며 비슷한 결과를 얻을 것이라고 기대하지 마십시오.)

이것은 정말로 흔히 있는 일입니다. 다른 사람이 나와 같은 방법으로 섬기면 비슷한 결과가 나올 것이라고 기대한다면 교회 안에 많은 어려움이 생길 수도 있습니다.

'긍휼의 은사'를 가진 사람들은 다른 모든 사람들에게 자신만큼 긍휼히 여기는 마음을 기대합니다. '예언의 은사'를 가진 사람들은 정면에 나서서 의견을 제시하는 사람들입니다. 그들은 와서 "그것은 잘못되었어요!"라고 말하면서 다른 모든 사람들도 자신들처럼 정면에 나서기를 기대합니다. '긍휼의 은사'가 있는 사람과 '예언의 은사'가 있는 사람이 같은 성경공부 반에서 만난다면 그 성경공부 반은 갈등이 생길 기미가 예상됩니다. 왜냐하면 그들은 다른 사람들에게 자신의 생각을 투영하는 경향이 있기 때문입니다. '운영의 은사'를 가진 사람들은 다른 모든 사람들이 조직적이기를 기대합니다.

이러한 현상은 자연스럽게 나타납니다. 따라서 여러분은 다른 사람들에게 자신의 생각을 투영하지 않도록 주의해야 합니다. 그래서 우리 모두 성숙이 필요합니다. '전도의 은사'가 있는 사람과 함께 비행기에 탑승하는 사람들은 그리스도를 믿게 되곤 합니다. 그들은 3,000명의 사람들을 교회로 인도합니다. 그들에게는 자연스러운 일입니다. 그들은 사람들에게 그리스도에 대해 나누는 능력이 있을 뿐입니다. 그러나 다른 사람들에게 죄책감을 느끼게 만들기도 합니다. "나는 왜 저 사람처럼 많은 사람들을 그리스도께로 인도하지 못하는 걸까?" 우리에게는 여러 가지 은사와 능력이 있기 때문에 자신의 은사를 다른 사람에게 투영해서는 안 됩니다.

5) 은사가 나를 남보다 더 뛰어나도록 만들어 주지는 않습니다(고전 12:21).

은사에는 뛰어난 것도 열등한 것도 없기 때문입니다.

6) 사랑 없는 은사 사용은 <u>무가치</u>한 것임을 기억하십시오.

"내가 사람의 방언과 천사의 말을 할지라도 <u>사랑이 없으면</u> 소리 나는 구리와 울리는 꽹과리가 되고 내가 예언하는 능력이 있어 모든 비밀과 모든 지식을 알고 또 산을 옮길 만한 모든 믿음이 있을지라도 <u>사랑이 없으면</u> 내가 아무것도 아니요 내가 내게 있는 모든 것으로 구제하고 또 내 몸을 불사르게 내줄지라도 <u>사랑이 없으면</u> 내게 아무 유익이 없느니라"(고전 13:1-3).

'사랑이 없으면'에 밑줄 치십시오. 성경에서 사랑에 대한 가장 위대한 말씀(고전 13장)이 영적 은사에 대한 말씀인 고린도전서 12장과 14장 사이에 끼어 있는 것은 우연이 아닙니다. 바울은 영적인 은사에 대한 위대한 내용들은 잠시 멈추고 그 가운데에서 이렇게 말합니다. "그런데 말입니다. 사랑에 대해 이야기해 봅시다. 사랑이 없다면 소리 나는 구

리와 울리는 꽹과리와 같습니다." 그는 자신이 세상에서 가장 위대한 선생일 수도 있고, 가장 위대한 설교자일 수도 있고, 관리자일 수도 있고, 가장 긍휼이 많은 자일 수도 있으나 사랑이 없으면 아무것도 되지 않는다고 말했습니다.

5. 어떻게 하면 나의 은사를 발견할 수 있습니까? : "시작하세요!"(START)

> "많은 책들이 먼저 은사를 알고, 섬길 영역을 정하라고 권고하지만, 사실은 정반대다. 일단 이것저것 다양한 영역에서 섬겨 봐야 자신에게 어떤 은사가 있는지를 알게 된다. 실제로 섬겨 보기 전에는 자신이 무엇을 잘하는지 알지 못한다."
> — 릭 워렌

'START'는 Study의 'S', Trial and Error에서 'T', Analyze에서 'A', Request Input from Others에서 'R' 그리고 Take Training의 'T'를 조합해서 만든 것입니다. 먼저 Study입니다.

1) 공부하세요(Study).

영적 은사들을 발견하도록 도움을 줄 추천 도서들이 있습니다.

(다음 책들을 추천합니다.)

> 『목적을 이루는 삶을 위한 S.H.A.P.E.』 (에릭 리즈 저, 나명화 역, 상상북스)
> 『네트워크 은사배치 사역(전 3권)』 (빌 하이벨스 저, 프리셉트)
> 『성령의 19가지 은사』 (레슬리 B. 플린 저, 김일우 역, 아가페출판사)

> 『목적을 이루는 삶을 위한 S.H.A.P.E.』를 저술한 에릭 리즈 목사는 새들백 교회의 S.H.A.P.E. 전문 사역 목회자다.

2) 시도해 보고, 실수해 보세요(Trial and Error).
여러 분야에서 봉사해 보고 때로 실패도 해 보십시오.

이것은 중요합니다. 여러 분야에서 실험을 통해서만이 영적 은사를 발견할 수 있습니다. 여러분 중 어떤 사람은 소그룹 인도자가 될 수도 있고 평신도 목회자가 될 수도 있습니다. 시도해 봐야지만 자신이 그 분야에서 뛰어난지 그렇지 않은지를 알게 됩니다. 그러면 사람들이 반응을 보이면서 사람들을 돌볼 수 있게 되고 그 일이 즐거워집니다. 어떤 사람들은 이렇게 이야기합니다. "아니에요. 저는 아닙니다." 하지만 사역을 시도해 보고 실수하는 과정을 통해서 자신의 은사를 발견하게 될 것입니다.

지금부터 일 년 후 301과정 참여하신 여러분들은 단순히 여기 앉아서 그 은사들을 살펴보는 것보다 자신의 은사들에 대해서 더 나은 운용을 하게 될 것입니다.

> **새들백 이야기 :**
> 새들백 교회는 사람들이 적소를 찾을 때까지 일년에 5, 10개의 사역을 시작하고 그만둘 수 있는 권리를 준다. 그것이 바로 성도들이 자신의 사역을 발견하게 되는 방법이라고 생각하기 때문이다.

3) 분석해 보세요(Analyze).
"은사 발견 테스트"를 사용해 보세요.

우리는 여러 가지 영적 은사들을 분석하고 그것들이 어떤 것인지 알아보게 될 것입니다. "은사 발견 테스트"를 사용하십시오.

4) 다른 사람들의 의견을 물어보세요(Request Input from Others).
다른 사람들에게 내게 무슨 은사가 있는 것 같냐고 물어보세요.

이 목록을 다 살펴보고 난 후 가장 가까운 사람들에게 "내게 어떤 은사가 있다고 보십니까?"라고 물어보십시오. 많은 경우, 사람들은 자신에게 뛰어난 영역이 있다는 사실을 까맣게 모르고 있습니다. 아주 가까운 사람들에게 물어보십시오.

> **새들백 이야기 :**
> 새들백 교회는 교회의 사역을 위해 어떤 지도자도 선출하지 않는다. 왜냐하면 선거는 누가 지도자인지를 밝혀 주지 않기 때문이다. 누군가가 지도자라면 자연스럽게 드러날 것이라고 생각한다. 이것이 새들백 교회의 정신이다. "여러분이 지도자라면 사람들은 자연스럽게 여러분을 따를 것이고 본인은 자신이 지도자라는 것을 인식하게 될 것입니다. 그것은 영적인 은사입니다."

자신이 지도자인지 어떻게 알 수 있을까요? 사람들이 여러분을 따릅니다. 그들에게 따르라고 말할 필요가 없습니다. 이런 속담이 있습니다. "자신이 사람들을 인도한다고 생각하나 따라오는 사람이 없으면 그는 그저 산책을 하는 것뿐이다." 아무도 따르는 사람이 없는데 자신이 지도자라고 아무리 주장해도 여러분은 지도자가 아닙니다. 제가 일어서서 "내가 지도자입니다!"라고 말한 주일 날 무슨 일이 벌어질지 한번 생각해 보십시오. 그리고 굳이 "저는 지도자가 아닙니다"라고 사람들에게 말할 필요가 없습니다. 당신이 지도자라면 사람들이 이렇게 말할 것입니다. "나는 저 사람이 하는 방식이 좋아서 합류하고 싶습니다. 하나님께서 저 사람의 삶을 붙들고 계신다는 생각이 듭니다."

5) 훈련을 받으세요(Take Training).
 사역 리더십 개발을 위한 훈련을 받으십시오.

훈련을 통해서 영적 은사를 개발하게 됩니다.

> **새들백 이야기 :**
> 새들백 교회에는 영적인 은사와 기능을 정련시키는 것을 돕기 위해 매월 S.A.L.T.(소금)라는 모임이 있다.
> S.A.L.T.는 새들백 교회 상급지도자 훈련(Saddleback Advanced Leadership Training)과정이다. 릭 워렌 목사가 한 달에 한 번씩 교회 리더들을 가르치는 형식으로 진행된다. 모든 사람들이 다 참석할 수 있는 것은 아니다. 301강좌를 마치고 사역에 활동적으로 참여하는 사람들에게만 개방된 과정이다. 새들백에서는 매달 첫 번째 수요일과 첫 번째 토요일에 강의를 한다. 토요일 아침이나 수요일 저녁 중에서 원하는 요일을 선택할 수 있다. 두 시간 강의로 구성되어 있는데, 릭 워렌 목사가 한 시간 강의를 하고 나서 멤버들이 자신이 속한 사역의 책임자와 함께 한 시간 동안 훈련을 한다.

6. 하나님께서 원하시는 은사 활성화의 길은 무엇입니까?

1) 현재 교회에서 진행되는 사역에 매주 혹은 격주로 지속적으로 참여하십시오.

2) 단기간의 사역 프로젝트에 헌신하십시오.

3) 자연스럽게 다가오는 상황에 반응하십시오.

하나님께서는 세 가지 상황 모두에서 당신의 은사를 이와 같이 사용하실 것입니다. 다음 페이지로 넘어가기 전에 33페이지 제일 밑에 있는 문구를 함께 읽겠습니다.

> "은사를 통해 사역을 발견하는 것보다
> 사역을 통해 은사를 발견하는 것이 더 쉽습니다!"

34페이지의 안내문을 주의 깊게 읽어 보시기 바랍니다.

은사 발견 테스트

아래에 소개된 은사 목록은 하나님께서 주시는 은사에 어떤 것들이 포함되는지 알게 하는 유익한 지침입니다. 중요한 것은 다른 사람들을 위한 당신의 섬김에 성령님께서 크게 기름 부으시는 것으로 느껴지는 영역을 만나는 것입니다.

― 안 내 ―

아래에 소개된 성경에 나오는 은사 목록과 각 은사들에 대한 설명을 기도드리는 마음으로 읽으면서 각 은사의 정의가 당신을 묘사하고 있는지 생각해 보십시오. 당신은 한 가지 이상의 은사를 가지고 있으며 모든 사람은 최소한 한 가지 이상의 은사를 가지고 있다는 사실을 기억하십시오. 이 작업을 끝낸 후 당신이 선택한 내용을 "나의 형상 소개서"(p.82)에 옮겨 적으십시오.

― 실 례 ―

김숙희 자매는 섬김의 은사를 가졌고, 이 은사를 어린아이들을 위한 사역에 활용하고 있습니다. 그녀는 교재를 구입하고, 유인물을 준비하며, 등록하는 업무와 관계된 일들을 돕습니다. 또한, 그녀는 선생님들의 가르치는 은사가 더욱 효과적으로 나타날 수 있도록 여러 가지 일거리를 덜어주는 섬김을 기꺼이 감당합니다. 이런 섬김의 은사는 다른 사람들의 은사를 북돋아 주면서 그들이 자신들의 은사를 나타내는 데 집중하도록 여러 가지 다른 일들로부터 자유하게 해 줍니다. 섬김의 은사를 가진 사람들은 종종 남이 안보는 곳에서 일하기를 좋아합니다.

영적 은사들의 목록
(롬 12장, 고전 12장, 엡 4장, 벧전 4장)

- 해당 사항에 동그라미로 표시하세요 -
A. 나는 이 은사를 가진 것으로 확신합니다.
B. 나는 이 은사를 가지고 있을 수도 있습니다.
C. 나는 이 은사가 없다고 봅니다.

인도자를 위한 팁

다음 목록을 읽으면서 자신과 관련해서 떠오르는 최초의 인상을 체크하도록 하라. 한 사람이 여러 가지 은사를 가질 수 있다는 것을 기억하라. 흥미를 가지고 실시하도록 하라! 이 과정은 '시험'이 아니다. 옳고 그른 대답이 없다. 나의 형상 발견 작업을 하는 목적은 당신이 얼마나 독특하게 만들어졌는지를 볼 수 있도록 돕는 것이다.

모든 은사를 다 설명할 필요는 없다. 그러나 이해하기 힘든 설명이 있다면, 인도자가 상세히 설명을 해 주어야 한다. 따라서 인도자는 지침서의 내용을 숙지해야 한다.

은 사 명: 가르치는 은사
참고구절: 롬 12:7, 고전 12:28
설   명: 하나님을 믿는 사람들이 성경말씀을 잘 배울 수 있도록 명확히 설명하고 적용하면서 그들을 교육하는 능력입니다. 사역을 위해 다른 성도들을 준비시키고 훈련시키는 능력입니다.
평   가: A / B / C

가르치는 은사가 없는 사람에게서 배워 본 적이 있습니까? 주일학교에서 가르치는 은사가 없는 누군가에게 배우고 있다면 여러분의 생각은 수만 가지 다른 방향으로 갈라져 산만해질 것입니다. 주의를 집중시킬 방법이

없습니다. 반면에 교사가 가르치는 은사가 있으면 당신은 그를 귀 기울여 듣게 됩니다.

여러분 중 많은 사람들이 이 은사가 있습니다. 지금은 씨앗의 형태이지만 그것을 발전시키면 됩니다. 단지 깨닫지 못하는 것뿐이지 은사가 없는 것이 아닙니다. 여러분은 우리 교회의 다양한 교육 프로그램에 참여해서 가르치는 은사를 개발할 수 있습니다.

좋은 교사들은 매우 체계적으로 가르칩니다. 그것이 가르치는 방식 중 하나입니다. 그리고 그들은 조직적인 방식으로 생각을 합니다. 그리고 목록에 따라 생각합니다. 여러분 가운데 누군가가 체계적으로 사고한다면 그것은 당신이 교사임을 나타내는 것일 수 있습니다.

은 사 명: 격려의 은사(위로의 은사라고도 함)
참고구절: 롬 12:8
설　　명: 하나님을 믿는 사람들이, 특히 신앙생활에서 낙담하거나 흔들릴 때, 성경적인 원리들을 적용시켜 주며 행하도록 동기를 부여해 주는 능력입니다. 다른 사람들이 최선의 삶을 살 수 있도록 이끌어 주며 그들이 각자 잠재력을 개발해 나가도록 돕는 능력입니다.
평　　가: A / B / C

어떤 사람은 권면 또는 위로라고 부르기도 합니다. '격려의 은사'가 있는 사람과 '가르치는 은사가 있는 사람하고 차이가 있습니다. 가르치는 은사가 있는 사람은 전형적으로 본문의 내용(이야기 자체)에 초점을 맞춥니다. 그리고 권면이나 격려의 은사가 있는 사람들은 본문의 원리에 초점을 맞춥니다. 그들은 이런 식으로 이야기를 합니다. "이것이 당신의 삶을 변화시킬 수 있는 원리들입니다."

그들은 전형적으로 매우 긍정적이고 실질적인 사람들입니다. 이 은사가 있다면 제안을 하는 능력에 숙련되어 있습니다. 누군가 자신이 무엇을 해야 하는지 물었을 때, "이것이 당신이 해야 한다고 생각되는 일입니다…"라고 말하고 그것들을 1, 2, 3으로 나열할 수 있습니다. 그런 사람들은 바로 핵심으로 접근합니다. 그들은 다른 사람들을 고무시키며 동기를 부여하며 행동 지향적입니다. 격려의 은사가 있는 사람들은 다른 사람들의 성취를 예견할 수 있으며 그들에게서 최선의 것을 끌어낼 수 있습니다. 종종 훌륭한 상담가들 중에서 이런 사람들이 많습니다.

　교사로서 '권면의 은사'를 공개적인 석상에서 사용할 수 있습니다. 교사의 직분은 있으나 가르치는 은사는 없을 수 있습니다. 그러나 격려의 은사가 있을 수 있습니다. 평신도 목회자로서 혹은 일대일 상황에서도 사용될 수 있습니다. '교사'와 '격려자'를 뒷받침 해 주는 세 가지 은사가 있는데, '지혜'와 '분별', 그리고 '지식'의 은사입니다. 그것으로 성도들을 세우고 교육을 시킵니다.

은 사 명: 행정의 은사(조직화의 은사라고도 함)
참고구절: 고전 14:40
설　　명: 효과적 사역을 위해 사람들과 자원과 시간을 체계화하고 운영할 줄 아는 능력입니다. 다른 사람들의 은사들을 알아보며 그들이 사역에 참여하도록 동원하는 능력입니다.
평　　가: A / B / C

'조직화의 은사' 또는 '경영의 은사'라고 부르기도 합니다. 이것은 많은 세부사항들을 조정하고 지도자의 계획을 실행하는 능력입니다.
　'경영'이라는 헬라어는 '배를 조종하다'라는 의미의 단어입니다. 인도하고 조종하는 것입니다. '지도력'이 영향력을 끼치는 은사인 반면 '경영'은 관리의 은사입니다. 이 은사가 나에게 있는지 어떻게 알 수 있을까요? 한 가지 방법은, 몇 개의 공이 동시에 균형을 맞추는 능력이 있는지 보는 것입니다. 어떤 사람들은 한 번에 한 가지 일만 할 수 있습니다. 하지만 이 은사가 있다면 한 번에 서너 가지 일들을 자유롭게 다룰 수 있습니다. 사람들이 그것을 인식합니다. '어떻게 더 잘할 수 있는가? 더 효율적인 방법은 무엇인가?'와 같이 항상 더 효율적인 방법들을 찾습니다.
　이 은사가 있는 사람들은 전형적으로, 권한을 위임하는 법을 알고 있습니다. 그들은 다른 사람들을 어떻게 참여시키는지 알고 있습니다. 혼자서 모든 것을 하려고 하지 않습니다. 다른 사람들을 참여시키는 것을 좋아합니다. 이 은사가 있는 사람들은 전체적인 그림을 잃지 않으면서 어떤 일에 대한 세부사항을 다룰 수 있습니다. 이 은사가 없다면 세부적

인 것으로 들어갈 때 전체적인 그림을 잃게 됩니다. 하지만 그들은 큰 그림을 볼 줄 압니다. 그리고 조직적으로 일을 다루는 능력이 있습니다.

은 사 명: 기적의 은사
참고구절: 고전 12:10, 28
설　　명: 하나님께서 주시는 특별한 은사로서 하나님께서는 이런 사람들을 사용해서 자신의 영광을 나타내는 놀라운 일들을 이루십니다.
평　　가: A / B / C

특별히 불가능한 상황에서 하나님의 초자연적인 간섭을 믿음으로 기도하고 하나님의 응답을 체험하는 능력입니다. 하나님께서 이런 종류의 기도를 시키실 때 감지하는 능력이자 기도의 능력이기도 합니다. 또한 이 은사는 하나님께서 재정이나 이적이나 무엇이든지 초자연적으로 역사하셔서 공급하시기를 기도하는 능력입니다. 여러분들 가운데도 이러한 능력을 갖고 계신 분이 있을 것입니다. 그것은 씨앗의 형태로 있습니다. 여러분들이 그러한 은사를 발전시킬 수 있도록 도전하십시오.

> **새들백 이야기 :**
> 새들백 교회의 역사에는 놀라운 이적의 흥미진진한 몇몇 사례들이 있다. 교회를 건축하는 땅과 관련해서도, 어떻게 땅을 확보하게 됐으며 적절한 시기가 어떻게 조절됐는지 등과 같은 30-40가지의 큰 이적들이 있다.

은 사 명: 구제의 은사
참고구절: 롬 12:8
설　　명: 그리스도의 몸인 교회가 잘 자라나며 튼튼해지도록 십일조(10퍼센트) 이상으로 헌금을 드리거나 물질적인 자원을 풍성하게 드리는 능력입니다. 다른 사람들의 사역을 경제적으로 지원할 수 있도록 자신에게 주어지는 금전을 잘 관리하는 능력입니다.
평　　가: A / B / C

십일조 외에 하나님 나라를 위한 여러 행사들을 재정으로 기쁘게 후원해서 그리스도의 몸을 섬기고 견고케 하는 하나님이 주신 특별한 능력입니다. 이러한 은사를 가진 사람들은 십일조 외에 하나님 나라의 확장을 위해 필요한 물질을 풍성하게 내놓으며, 기부금을 낼 때는 무명으로 하거나 겸손한 자세로 냅니다. 그리고 하나님께 더 많은 것을 드리기 위해 재정을 불릴 수 있는 전략적인 방법을 찾고, 자신이 가지고 있는 자원은 모두 하나님이 쓰실 도구로 여기며 모든 것에서 하나님의 온전한 소유권을 인정합니다. '나눔의 은사' 혹은 '드림의 은사'라고도 할 수 있습니다.

은 사 명: 지도력의 은사
참고구절: 롬 12:8
설   명: 어떤 사역의 목적과 방향(비전)을 명확히 잡고 전달하면서 다른 사람들이 참여하고자 하는 마음을 갖도록 이끄는 능력입니다. 모범을 보이는 가운데 다른 사람들에게 동기를 부여해서 함께 일하며 사역 목표를 성취하는 능력입니다.
평   가: A / B / C

지도력의 확인은 정말 간단합니다. 누군가 자신을 따릅니까? 이 은사가 있다면 사람들은 자연스럽게 여러분에게 끌립니다. 지도력의 은사가 있는 사람들은 전형적으로 목표 지향적입니다. 그들은 장기적인 것을 염두에 둡니다. "오늘 그 위기 상황을 다루기로 합시다"라는 식으로 근시안적이지 않습니다. '경영'은 단기적으로 작용합니다. 반면 '지도력'은 장기적으로 작용합니다. '경영'은 통제에 작용합니다. '지도력'은 변화에 작용합니다. 지도력을 한 단어로 요약할 수 있습니다. 지도력은 '영향력'입니다. 교회의 목적을 전달하고 규명하며 영향을 주는 능력입니다.

여러분 중 몇몇은 씨앗의 형태로 지도력의 은사를 가지고 있습니다. 우리 교회에서 자라고 발전하면서 자연스럽게 교회 안에서 존경을 받으며 귀하게 여김을 받게 될 것입니다. 사람들이 교회의 방침에 대한 여러분의 이해와 지시에 반응하게 될 것이기 때문입니다. 이 은사를 가진 사람들은 소그룹 지도자가 되어서 지도력을 발견하고 발전시킬 수 있습니다.

은 사 명: 목회의 은사(목양의 은사라고도 함)
참고구절: 벧전 5:2-4, 엡 4:11-12
설   명: 어떤 한 그룹 내 성도들의 영적 필요를 채우며 사역을 위해 그들을 준비시키는 능력입니다. 소그룹 지체들이 영적으로 자라도록 양육하며 그들이 행복한 신앙의 삶을 살도록 책임져 주는 능력입니다.
평   가: A / B / C

헬라어로 '목회자(pastor)'라는 단어는 '인도하여 먹이다'라는 의미가 있습니다. 돌보는 것을 의미합니다. 사도행전 20장에서 목회자는 양 떼를 보호하라고 명함 받은 사람들이라고 바울은 말합니다. 그들은 양 떼를 위해서 자기 목숨을 내어 주어야 합니다.

우리 교회에는 약 ○○명의 훈련된 평신도 목회자가 있습니다. 그 평신도 사역자들 가운데 몇 사람은 목회의 은사가 있고 몇몇은 목회의 은사가 없습니다. 목회의 은사가 있는 사람들은 사역을 하면서 매우 만족을 느낍니다. 그들은 자신이 맡은 소그룹 사람들에게 전화하고, 사람들을 돌보는 것을 좋아합니다. 여러분 중 어떤 분은 그러한 은사를 씨앗의 형태로 가지고 있습니다. 여러분 대부분은 평신도 사역자가 되어야 합니다. 이는 더욱 힘 있는 그리스도인이 되게 하고, 그들이 성장해 가면서 개발할 필요가 있는 은사입니다.

은 사 명: 믿음의 은사
참고구절: 고전 12:9
설   명: 바라지만 아직 나타나지 않은 것을 위해 하나님을 신뢰하며 상황이 어떠할지라도 하나님의 약속을 믿고 행하는 능력입니다. 하나님께서 장애물들을 처리해 주실 것을 기대하며, 하나님께서 주신 비전을 좇아 나가는 일에 실패를 두려워하지 않는 능력입니다.
평   가: A / B / C

믿음의 은사가 있는지 어떻게 알 수 있습니까? 그들은 위험을 무릅쓰는 것을 좋아합니다. 극히 위험한 상황에 발을 내딛는 것이 그들에게는 위협이 되지 않습니다. 믿음의 은사를 가진 자들은 또한 인내하는 능력이 있습니다. 그들은 포기를 모르고 그저 지속적으로 해나갑니다. 문제들이 있어도 긍정적입니다. 그들은 불가능한 일에 대해서 하나님을 의뢰합니다. 그들은 큰 위험을 무릅쓰며 커다란 이상을 가집니다. 그들은 다른 사람들이 주저하는 것에 대해 하나님을 신뢰하는 능력이 있습니다.

하나님께서는 우리 모두에게 믿음을 가지도록 부르셨지만 일부의 사람들만이 믿음의 은사가 있습니다. 우리는 모두 믿음을 가져야 합니다. 하지만 어떤 사람들은 다른 사람들보다 더욱 크게 하나님을 신뢰하는 믿음의 은사가 있습니다. 그들은 100억 원 건물 프로젝트를 두고 밤잠을 자지 못하거나 하지 않습니다. 이 은사를 가진 사람들에게는 그저 몇 개의 0이 더 있는 것일 뿐입니다.

은 사 명: 방언과 통역의 은사
참고구절: 고전 12:10, 30
설   명: 하나님과 방언 통역의 은사를 받은 사람이 알아듣는 언어로 기도 드리는 능력입니다.
평   가: A / B / C

고린도전서 14:13-15은 영으로 기도하는 것에 대해 말씀하고 있습니다. 그것은 오직 하나님과 통역의 은사가 있는 사람만이 이해할 수 있는, 언어로 기도할 수 있는 능력입니다.

"예언하는 자들의 영은 예언하는 자들에게 제재를 받나니 하나님은 무질서의 하나님이 아니시요 오직 화평의 하나님이시니라"(고전 14:32-33). 이것은 무엇을 말하고 있습니까? 다른 은사와 똑같이 이 은사도 그것을 사용하는 사람이 통제할 수 있습니다. 누군가 와서 "방언하는 것을 스스로 통제할 수가 없어요"라고 말하면 저는 이렇게 말합니다. "그러면 그것은 하나님으로부터 온 것이 아닙니다." 성경은 하나님의 메시지를 말하는 은사가 말하는 자의 제재를 받는다고 말씀하고 있습니다. 바울은 여기서 방언에 대해 말하고 있습니다. 하나님께서는 우리가 무질서한 가운데 있는 것이 아니라 화평한 가운데 있기를 원하십니다. 그래서 방언으로 예배를 방해하는 사람은 누구든지 질서를 문란하게 하는 것입니다. 그것은 하나님의 뜻을 벗어났다는 것을 의미합니다.

참고 : 새들백 교회에서의 방언과 통역의 은사 사용
어떤 교회에서는 실제로 예배 중에 이 은사를 실행합니다. 카리스마틱 교회에서는 이 은사가 교회 안에서 시행되고 있습니다. 그러나 새들백 교회에서는 허용하지 않습니다. 네 가지 이유 때문에 공예배에서 방언의 은사 사용을 허용하지 않습니다.

이 은사는 고린도 교회에서 커다란 문제를 야기했습니다. 바울은 고린도전서 14장 전체를 방언과 통역에 대한 지침으로 할애했습니다. 오용되고 있었던 은사였던 것입니다. 분명히 이것은 정당한 은사입니다. 그것은 오직 하나님만이, 혹은 그 상황에 통변의 은사가 있는 사람만이 이해할 수 있는 언어로 기도할 수 있는 능력입니다. 그러나 바울은 문제점들을 보았고 그들에게 지침을 주었습니다.

1. 방언으로 기도하는 것은 전체 교회를 위한 것이 아니라 개인의 덕을 세우기 위한 것입니다.
"방언을 말하는 자는 자기의 덕을 세우고 예언하는 자는 교회의 덕을 세우나니"(고전 14:4).
이 은사는 다른 모든 은사와 다릅니다. 모든 다른 은사의 목적은 교회의 덕을 세우는 것이라고 말했습니다. 그러나 바울은 여기서 방언을 말하는 자는 자신의 덕을 세운다고 말하고 있습니다. 설교를 하는 사람은 교회의 덕을 세웁니다. 요지는 이 은사가 개인적인 덕을 세우는 것으로 지정되어 있기 때문에, 새들백 교회는 이 은사를 하나님과 홀로 시간을 가질 때 사용해야 하는 것이라고 성경이 가르치고 있다고 믿습니다.

개인 묵상 시간에 방언을 하기 원하고, 하나님께서 그 은사를 주셨다면 방언을 할 때 하나님께서 성도들에게 복 주시기를 바랍니다. 하지만 방언은 교회 전체를 위한 은사는 아닙니다. 누군가가 교회에서 방언을 하기 시작한다면 누가 덕을 세우겠습니까? 아무도 없습니다. 그저 그 사람에게 주의가 집중될 뿐입니다. 그것이 바로 바울이 고린도전서 14:4에서 말하고 있는 것입니다.

2. 우리는 자신이 아니라 다른 사람들을 세우는 일에 초점을 맞추어야 합니다.
바울은 "…혀로서 알아듣기 쉬운 말을 하지 아니하면 그 말하는 것을 어찌 알리요 이는 허공에다 말하는 것이라…교회의 덕 세우기를 위하여 풍성하기를 구하라"라고 말합니다. 이것이 우리가 이 은사를 예배에 허용하지 않는 이유입니다. 방언은 교회를 세우는 것이 아니라 개인의 덕을 세우기 위한 것입니다. 그러므로 함께 예배를 드릴 때에는 이 은사에 초점을 두지 않아야 합니다.

3. 방언과 통역은 예배 시간에 믿지 않는 사람들을 혼란케 합니다.
이 은사는 사람들의 마음을 당황하게 할 것입니다. 바울의 말에 주목하십시오. "믿지 아니하는 자들이 들어와서 너희를 미쳤다 하지 아니하겠느냐"(고전 14:23). 믿지 않는 자들만 혼란에 빠뜨리는 것이 아니라, 이 은사에 익숙하지 않은 다른 믿는 자들도 크게 혼란스럽게 만듭니다. 바울은 이 은사가 믿지 않는 자들을 혼란스럽게 하기 때문에 그들 앞에서는 사용하지 않아야 한다고 말합니다. 누군가 예배 때 방언을 하기 시작한다면 하나님께서 "너는 질서를 혼란하게 하고 있다"라고 말씀하실 것이라는 절대적인 확신을 가지는 이유입니다. 주일 낮 예배는 교회에 다니지 않는 사람들을 위해서 드리고 있습니다(새들백 교회의 주일 낮 예배는 구도자들을 위해 기획된 예배다).

4. 이상적으로 방언과 통역은 예배에서 사용하도록 주신 은사가 아닙니다.
"그러나 교회에서 네가 남을 가르치기 위하여 깨달은 마음으로 다섯 마디 말을 하는 것이 일만 마디 방언으로 말하는 것보다 나으니라 형제들아 지혜에는 아이가 되지 말고…"(고전 14:19-20). 바울은 예배 때에 "예수님은 당신을 사랑하십니다. 하나님을 찬양합시다!"와 같은 이해할 수 있는 다섯 마디의 말을 하겠다고 말하고 있습니다. 그것이 일만 마디의 방언보다 더 중요합니다. 이것이

> 바울이 말하는 관계입니다. 그는 이 은사가 방언을 말하는 사람 이외에 아무에게도 유익을 주지 않기 때문에 예배에서 쓰도록 의도된 것이 아니라고 말하고 있습니다.

은 사 명: 영분별의 은사
참고구절: 고전 12:10
설   명: 진리의 영과 악의 영을 구별할 수 있는 능력입니다. 다른 사람의 삶에서 모순 됨을 감지하고 사랑으로 맞서서 해결해 내는 능력입니다.
평   가: A / B / C

이것은 극단으로 치닫지 않기 위해 교회를 보호하는 은사입니다. 여러분 중 몇 사람은 하나님께서 무엇을 말씀하셨는지를 알 만큼 아직은 충분히 성경을 알지 못하기 때문에 이 은사가 있지만 사용할 수 없는 경우도 있습니다. 하나님의 말씀을 더욱 깊이 연구하고 더욱 더 알아가게 되면 이 은사는 당신의 삶 가운데서 꽃을 피우게 될 것입니다.

이 은사는 진리와 허위, 옳은 것과 그른 것을 아는 능력이며 "옳지 않습니다!" "옳습니다"라고 말할 수 있는 능력입니다. 이 은사는 오늘날 하나님의 교회에서 크게 요구됩니다. 텔레비전이나 영화에서의 수많은 거짓 사상들과 뉴에이지 관련 내용들, 이교도들로 인해서 우리 문화는 이교들의 곡예장이 되었고, 어느 잡지를 읽어도 수많은 거짓들이 전파되고 있기 때문입니다.

은 사 명: 사도의 은사
참고구절: 고전 12:28; 엡 4:11
설   명: 새로운 교회를 개척하고 잘 자라도록 이끄는 능력입니다.
평   가: A / B / C

하나님의 목적을 이루고, 하나님 나라 확장을 위해 모험이 필요한 새로운 사역을 과감하게 시도해서 그리스도의 몸을 섬기고 견고케 하는 하나님이 주신 특별한 능력입니다. 헬라어로 '보내심을 받은 자'라는 뜻은 문자 그대로 하나님의 권위를 가지고 대사로 보내심을 받은 자를 뜻하는 말입니다.

    이 은사를 가진 사람은 하나님과 교회를 위해 새로운 사역을 잘 시도합니다. 믿는 사람들과 믿지 않는 사람들의 삶에 똑같이 영향을 줍니다. 그리고 그리스도를 위한 대사로 세상에 알려지기를 갈망합니다. 하나님을 위해 교회가 최대의 잠재력을 발휘할 수 있도록 몸을 아끼지 않고 열심히 달려가는 사람입니다. 우리는 사도 바울에게서 이러한 은사를 발견할 수 있습니다.

은 사 명: 설교의 은사(예언의 은사라고도 함)
참고구절: 고전 14:3
설   명: 하나님의 말씀을 사람들에게 영감 있게 전하면서 불신자들을 설득하고 신자들에게 도전하며 위로하는 능력입니다. 하나님의 뜻을 설득력 있게 선포하는 능력입니다.
평   가: A / B / C

이러한 은사를 가진 사람들은 명백히 드러납니다. 이것은 매우 공적인 은사입니다. 고린도전서 14:3에서 예언은 세 가지 일을 한다고 말씀하고 있습니다. 세우고 격려하며 붙드는 것입니다. 성경은 그것이 '덕을 세우는 것', '권면', 그리고 '안위'라고 말씀합니다. 설교자들에게는 이러한 세 가지의 내용이 적절하게 조화를 이루어야 합니다.

    이 은사를 가진 사람들이 말씀을 전하면 하나님의 축복은 명백하게 드러납니다. 그들은 하나님께서 세상 가운데서 무엇을 하시는지를 우리가 인식할 수 있도록 도와줍니다. 그리고 정말 중요한 것은 이 은사를 가진 사람들의 삶과 메시지가 일관된다는 것입니다. 종종 그들은 기꺼이 홀로 옳은 것을 대변합니다. "이것이 우리가 해야 할 옳은 일입니다"라고 누가 동의하든 그렇지 않든 일어서서 말하는 것을 주저하지 않습니다.

은 사 명: 섬김의 은사
참고구절: 롬 12:7; 고전 12:28
설   명: 교회 성도들 가운데 채워지지 않는 필요들이 보일 때 속히, 기쁘게, 그리고 인정받는 것에 관계없이 실제적인 도움을 주는 일에 앞장서는 능력입니다.
평   가: A / B / C

성경은 섬기도록 우리를 부르셨고, 모두 종의 마음을 품으라고 요구하고 있습니다. 섬김의 은사가 있는 사람들은 따로 말할 필요가 없습니다. 그들은 필요를 보게 되면 즉시 그 일을 맡아서 시작합니다. 방에 들어섰는데 의자들이 제대로 놓여 있지 않았을 때 "의자를 정돈하는 것을 도와주시겠어요?"라고 아무도 요청할 필요가 없습니다. 그들은 즉각적으로 의자들을 정돈하기 시작합니다. 종이들을 집어 놓거나, 물건 옮기는 것을 돕거나, 아니면 탁자를 세워놓거나 접어놓거나 합니다. 육체적인 노동으로 돕는 일일 수도 있으나, 영적인 도움일 수도 있습니다.
　섬김의 은사를 가진 사람들의 동기는 단지 "저는 도움이 되고 싶습니다"라는 마음뿐입니다. 이런 사람들은 드러낼 필요가 없고 실제로는 그렇게 되기를 원하지 않습니다. 그들은 주목받는 것을 원하지 않습니다. 주목받는 기회가 필요하지도 않고 그런 자리에 있는 것을 원하지도 않습니다. 주목받게 되면 오히려 마음이 불편해질 것입니다.
　이 사람들은 경계를 알리는 안테나를 가지고 있는 것 같습니다. 어떤 필요를 볼 때 즉시 행동을 취하고 앞장서기 때문입니다. 이런 사람들은 종종 활동 수치가 정말로 매우 높습니다. 그리고 매우 실천적인 사람들이고 육체노동에 유능합니다. 좀 더 눈에 띄는 역할을 맡은 사람들을 돕는 데서 큰 성취감을 느낍니다. 이 사람들은 전형적으로 매우 이타적입니다. 어떤 대가를 치르든지 기꺼이 하고자 합니다. 무엇인가 그들보다 못한 것이 있다고 느끼지 않습니다. 그들은 모든 것이 하나님께서 하시는 일이라는 것을 깨닫고 있습니다. 그리고 무엇을 하든지 주님을 위해서 합니다. 거만한 경우는 매우 드물며, 섬김의 은사가 있는 사람들입니다. 그들은 매우 실천적입니다. 교회는 섬김의 은사가 있는 사람들이 많이 필요합니다. 섬김의 은사는 하나님의 사랑을 드러내는 은사입니다.

은 사 명: 긍휼의 은사
참고구절: 롬 12:8
설   명: 그리스도의 몸 된 교회의 고통 받는 지체(들)을 향해 구체적으로, 마음을 담아, 힘이 되는 사랑을 베풀 줄 아는 능력입니다.
평   가: A / B / C

이 은사가 있는 사람의 가장 적절한 예는 선한 사마리아인일 것입니다. 그 이야기를 기억해 보십시오. 그는 그저 길가에 있는 사람을 일으켜 주고 가까운 여관에 데리고 가서 자신의 신용카드를 남기면서 이렇게 말하는 사람입니다. "얼마가 들던지 내가 그 비용을 지불하고 책임지겠습니다."

이런 사람들은 마음으로부터 깊이 공감하는 능력이 뛰어납니다. 긍휼의 마음이 필요한 교회 사역들이 많이 있습니다.

> **새들백 이야기 :**
>
> 1. Care Callers : 예를 들어 새들백 교회에는 전화로 보살피는 사역을 하는 사람들(Care Callers)이 있다. 자신들의 일정에 따라 일주일에 한 번씩 각기 다른 시간에 교회 사무실에 오는 그룹이다.
> 그들은 20,000명의 교인 주소록을 보고 전화를 한다. 그들은 이렇게 이야기한다. "안녕하세요. 목사님을 대신해서 전화를 드립니다. 교회에 어떤 일들이 있는지 몇 가지 소식을 나누고 목사님께 알리고 싶은 개인적인 기도 요청이나 필요한 것이 있는지 알고 싶습니다." 그들은 목회자를 위해서 전화 심방 보고서를 작성해 준다. 물론 비밀이 보장된다. 보고서들은 다음 날 릭 워렌 목사가 입수하게 된다. 바로 그런 식으로, 릭 워렌 목사는 그 많은 사람들과 지속적으로 소통을 하는 것이다.
> 릭 워렌 목사가 모든 사람들에게 개인적으로 전화를 할 수는 없지만 무슨 일이 일어나고 있는지 모두 알고 있으며 누가 병원에 입원해 있는지 알고 있다. 누가 가족 중 한 사람을 잃었는지 알고 있다. 왜냐하면 이 사람들이 교인들에게 전화를 해 주고 있기 때문이다.

　　지금 현재 그 일을 하고 있는 사람들은 '긍휼의 은사'가 있는 사람들이다. 그들이 전화를 걸었을 때 어떤 사람은 어려움이 있을 것이고 어떤 사람은 울 수도 있다. 그러면 긍휼의 은사를 가진 사람들은 그들과 함께 기도하고 그들을 격려해 준다. 이 사람들은 우는 자들과 어떻게 함께 우는지, 기뻐하는 자들과 어떻게 함께 기뻐하는지 알고 있다. 긍휼의 은사는 참으로 유익한 것이다.

2. **후원 그룹**(Support groups) : 긍휼의 은사가 있는 사람들한테 매우 적절한 자리다. 새들백 교회는 교회 소식지를 통해서 출생, 졸업, 위기, 입원, 가족상과 같은 상황들을 교인들이 읽어 볼 수 있도록 연작 위문 카드 사역을 개발하고 있다. "새들백 교회에서 당신을 위해 기도하고 있다는 것을 알려 드리고 싶어서…/ 졸업을 진심으로 축하하며 함께 기뻐하는 마음으로…/ 승진을 축하드립니다…/ 가족상을 당하신 것에 대해 조의를 표합니다…" 등의 짧은 메모를 남기게 될 것이다. 그저 격려의 말, 혹은 위로의 말 한마디면 되는 것이다. 성도들을 돌아보는 사역에 참여하는 모든 사람들이 이 특별한 은사, 긍휼의 은사가 필요하다.

> **인도자를 위한 팁**
>
> 301과정을 마친 후 사역을 소개할 때 '긍휼의 은사'를 가진 사람들에게는 이러한 사역을 시도해 볼 것을 도전하라.

은 사 명: 전도의 은사
참고구절: 엡 4:7-11
설　　명: 불신자들에게 예수 그리스도와 구원에 대한 기쁜 소식을 명확하고 위협적이지 않게 전하는 능력입니다. 그리스도와 구원에 대해 전할 수 있는 기회를 잡아 사람들이 믿음으로 반응하도록 이끄는 능력입니다.
평　　가: A / B / C

이 은사를 가진 사람들은 교회에 다니지 않는 사람들이 어떻게 느끼는지에 대해 매우 민감합니다. 그들은 작은 것까지 놓치지 않습니다. 그들은 믿지 않는 사람들이 교회에 있는 것을 어떻게 느끼는지 인지합니다. 그들은 그리스도에 대해서 나눌 수 있는 기회를 거의 놓치지 않습니다. 이 은사가 없다면 종종 주변에 있는 기회들을 자주 놓치곤 합니다. 그러나 이 은사가 있다면 항상 "나는 그리스도에 대해 지금 바로 나눌 수 있습니다"라고 말합니다. 그들은 대화를 영적인 것으로 바꾸는 요령이 있습니다. 그들은 잃어버린 자들을 향한 사랑이 있으며 그들이 구원 얻는 것을 보고자 하는 소원함이 있습니다.

이 은사는 참으로 여러 가지 방식으로 사용될 수 있습니다. 여러분은 전도의 은사가 있지만 내향적인 사람일 수 있습니다. 전도하는 것이 정말 두려워 죽을 지경일 수 있습니다. 그러나 전도가 집집마다 다니거나 공항에서 사람들을 붙잡고 길게 이야기하는 것이 아닙니다. 전도의 은사가 있지만 성격이 내향적이면 다른 방식으로 전도할 수 있습니다. 여러분 중의 많은 사람들이 이 은사가 있지만 그 사실을 모르고 있습니다. 다른 사람들에게 그리스도를 나누고 싶은 진정한 마음이 있지만 자신의 성격과 맞는 방식으로 나누는 방법을 배운 적이 없기 때문입니다.

인도자를 위한 팁

'전도의 은사'를 개발하기를 원하는 사람들에게 401과정을 소개하라. 성격과 잘 맞는 방식으로 그리스도를 나누는 법을 배운다.
'선교의 은사'는 타 문화권의 믿지 않는 자들에게 복음을 전하고, 그 문화 속에 살고 있는 신자들을 돕기 위해 다른 문화에 적응하는 능력이다.

은 사 명: 지식의 은사
참고구절: 고전 12:8
설   명: 하나님의 말씀과 관련된 수많은 다양한 주제에 대한 사실과 개념을 찾아서, 모으고, 체계화하며, 명확히 하면서 지식을 쌓아나가는 특별한 능력입니다.
평   가: A / B / C

'지식의 은사'는 교육의 영역에 속하는 또 다른 부가적인 은사입니다. 이러한 은사들(지혜, 분별, 지식)은 가르치는 은사나 권면의 은사가 있을 때 종종 부가적으로 주어지는 은사입니다. 많은 양의 정보를 이해하고 효과적인 의사결정에 필요한 능력을 제공합니다. 따라서 이 은사를 가진 사람들은 연구자들입니다.

성경은 지식에 근거해서 결정하는 것에 대해 매우 강경합니다. 잠언에서는 이렇게 말씀하고 있습니다. 현실을 직시하라! 사업상 결정에 대해서, 재정적인 결정에 대해서, 교회에서 내리는 결정에 대해서 잠언은 현실을 직시하라고 말씀하고 있습니다. 느낌에만 의존하지 마십시오.

이런 능력이 있는 사람이 있다면 교회사서나 교과과정 작성자, 자료정리자, 교회 역사 기록자 등으로 섬길 수도 있습니다. 성경은 "양 떼의 상태를 잘 알라"고 말씀하고 있습니다. 우리의 컴퓨터에 저장된 모든 정보들이 매우 중요합니다.

> **새들백 이야기 :**
> 새들백 교회에서는 이 은사를 가지고 있는 사람들이 다양한 방면에서 봉사한다. 그중 하나가 릭 워렌 목사를 위해서 설교 자료를 찾는 것을 돕는 연구 보조원으로 일하는 것이다.
>
> 도서관에 가는 것을 좋아하는 사람에게는 릭 워렌 목사가 "내년 가을에는 '분노'에 대해서 가르칠 것입니다"라고 말하면 그들은 도서관에 가서 마이크로필름이나 잡지들을 죽 훑어보며 '분노'에 대한 모든 종류의 정보와 통계, 그리고 인용구들을 찾는다.
>
> 책 읽는 것을 매우 좋아하는 사람들은 릭 워렌 목사를 대신해서 기꺼이 책을 읽고 밑줄을 긋고 연구 자료들을 가져다 준다. 이 사람들은 공부하는 것을 매우 좋아하는 지식의 은사를 가진 사람들이다. 정보의 시대에 절대적으로 필요한 은사다.
>
> 정리하는 것을 좋아하는 사람들은 자료를 다루는 일을 섬기게 한다. 어떤 사람들은 교회에서 진행되는 세미나 강의안을 읽고 교정을 하기도 한다.

은 사 명: 지혜의 은사
참고구절: 고전 12:8
설   명: 삶의 정황들에 대해 하나님이 바라보시는 관점을 이해하며 그런 통찰을 단순하고 알아듣기 쉽게 나누는 능력입니다. 무엇을 어떻게 해야 하는지를 설명하는 능력입니다.
평   가: A / B / C

지혜의 은사가 있는 사람들에게 발견되는 특징 중 한 가지가 있는데, 그것은 성경을 암기하려는 욕구입니다. 그들은 하나님의 말씀을 마음에 새기고 그것들을 나누고 싶어 합니다. 지혜의 은사가 있는 사람들은 다른 사람들에 대해서 인내하고 이해심이 있습니다. 그들은 사람들을 매우 온유하게 대합니다. 지혜로운 사람들은 인내하는 법을 알고 있습니다. 그들은 하나님의 방법을 이해하고 있습니다. 그들은 갈등의 상황에서 훌륭한 중개자입니다. 왜냐하면 무엇이 일어나고 있는지 설명할 수 있기 때문입니다. 그들은 실제적인 적용을 강조합니다.

은 사 명: 병 고치는 은사
참고구절: 고전 12:9, 28
설   명: 하나님께서 주시는 특별한 은사로서 병을 고치고 건강을 회복시키는 일에 하나님으로부터 쓰임 받는 것입니다.
평   가: A / B / C

이 은사는 특별히 신체적, 정서적, 혹은 영적인 치유가 필요한 사람들을 위해서 믿음으로 기도하고 하나님의 응답하심을 체험하는 능력입니다. 하나님께서 어느 때 이런 종류의 기도를 하게 하시는지를 감지하는 능력입니다. 기도 사역에서는 이러한 종류의 사람들이 필요합니다. 우리가 몸이 아프다면 병이 나을 수 있도록 이런 은사를 가진 누군가가 필요합니다. 우리가가 병들었을 때 단지 "주여, 당신의 뜻이면"이라고 말하지 않는, 하나님께 긴급 통신선이 있는 누군가가 필요한 것입니다.

　　기도할 때마다 모든 사람이 다 치유되는 것은 아닙니다. 주권자는 하나님이시기 때문입니다. 성경은 마음의 소원함을 두고 기도하라고 말씀

하고 있습니다. 이 사람들은 낙심하지 않고 사람들을 위해서 간절히 기도할 수 있는 능력이 있습니다. 이 은사가 있다면 기도 사역에 동참하시기를 원합니다.

은 사 명: 대접의 은사
참고구절: 벧전 4:9-10
설   명: 다른 사람들 특히 낯선 사람들이 교회에서 따뜻하게 환영과 영접을 받으며 편안함을 갖게 하는 능력입니다. 여러 가지 요소들을 조정해서 사랑으로 하나 되는 교제를 증진시키는 능력입니다.
평   가: A / B / C

누가 접대의 은사가 있는지는 쉽게 구별이 됩니다. 그들 주위에 있으면 금세 편안함을 느끼게 됩니다. 다른 사람을 환대하는 것과 즐겁게 해 주는 것 사이에는 차이가 있습니다. 가정에서는 가족들을 즐겁게 해 주는 사람인데 누군가 그 집에 들어섰을 때 내내 딱딱한 것처럼 느끼게 하는 사람이 있습니다. 그러나 진짜 접대의 은사를 가진 사람들은 여러분이 들어섰을 때 그 집이 어떻게 생겼는지 전혀 상관없이 편안함을 느끼게 해 줍니다.

그들은 여러분들의 긴장을 풀어주는 요령을 알고 있습니다. 접대의 은사가 있는 사람들은 '좋은 대화자들'입니다. 그들은 다른 사람들에게서 어떻게 최선의 것을 끌어낼 수 있는지를 알고 있습니다. 사람들이 어떻게 자기 자신에 대해 이야기를 꺼내는지 알고 있습니다. 접대의 은사가 있는 사람들은 상대방의 안위에 매우 큰 관심이 있습니다. 편안하십니까? 모든 것이 다 괜찮습니까? 그들은 이러한 것에 관심이 있습니다. 그들은 종종 그들의 가정을 사역의 도구로 사용합니다. 그들은 사람들에게 음식을 대접하는 것과 접대하는 것을 매우 좋아합니다. 연회나 교제나 무엇이든 교제를 위한 활동에 대한 어떤 도움이 필요할 때 제일 먼저 등록을 하는 사람들입니다. 그들은 모든 사람이 즐거워하는 분위기를 준비하고 제공하는 능력을 가지고 있습니다.

> 인도자를 위한 팁

'대접의 은사'가 있다면 새신자를 맞이하는 사역에 곧바로 참여하도록 권유하라. 그것이 즉시 할 수 있는 한 가지 일이다. 새신자를 맞는 사역은 교회 최전방에 나서는 일이다. 그들은 교회에 다녀보지 않은 사람들이 그 문에 들어서기 전에 받게 되는 첫인상과 같은 존재다. "밖에서 내게 말을 건 사람이 누구인가?"가 그들의 첫 인상이다. 어떤 사람들은 사람들이 긴장을 풀어주는 능력이 있다. 사람들을 미소짓게 만든다. 접대의 은사가 있는 사람들은 똑같은 말을 하지만, '여기가 마음에 드는군/ 참 기분이 좋은데/ 마음이 편안하군'이라는 생각이 들게 한다. 사람을 맞이하는 것보다 더 중요한 사역은 없다고 생각해도 좋다.

첫인상을 줄 수 있는 또 다른 기회는 결코 다시 얻을 수 없다. 사람들은 목사의 설교를 듣기 전에, 음악을 듣기 훨씬 전에 "이 교회는 어떤 교회인가"하고 전반적으로 측정을 한다. 그 사람들의 마음을 편안하게 할 수 있다면 복음이 전해질 수 있다. 그러나 그들이 긴장해서 들어오게 되면 그때는 효과적으로 접근할 수 없게 된다.

> 인도자를 위한 팁

21가지 은사들을 열거했다. 릭 워렌 목사는 이것들이 신약성경에 언급된 은사의 다가 아니라 예시적인 것이라고 생각한다. 즉, 이것들만이 존재하는 영적 은사의 전부가 아니라고 믿는 것이다. 왜냐하면 은사들을 모두 열거하는 단독적인 목록이 없고 그 열거한 것에 대해 매우 격의 없는 접근을 하고 있기 때문이다. 사람들은 여러 가지 방식으로 그것들을 분류해서 묶으려고 했지만 그런 모든 분류는 사람이 만든 것이다. 릭 워렌 목사는 다음과 같이 말한다. "저는 이 부분(301과정의 은사 발견)을 준비할 때 영적 은사에 대한 책을 30여 권이나 읽었습니다. 그런데 은사의 분류에 있어서 같은 책은 한 권도 없었습니다. 그리고 정확히 은사가 몇 개인지에 대해서 같은 의견을 가진 책도 발견할 수 없었습니다. 30권의 책들이 모두 달랐습니다."

> 성경에는 많은 은사들이 있다. 그리고 어떤 은사들은 단 한 문장으로 언급되기도 하고, 어떤 은사들은 집단적으로 열거되기도 했다. 이러한 것들은 단지 은사의 예일 뿐이고 그 이외에 다른 영적 은사가 있을 수 있다고 보는 것이다. 새들백 교회에서는 위의 것들이 교회의 사역에 적합하다고 보기 때문에 은사로 분류했다.

지금까지 우리는 여러 가지 은사를 매우 급하게 살펴보았기 때문에, "아직도 내 은사를 모르겠군"이라고 말하는 사람이 있을 수 있습니다. 그러나 지금 여기에서 은사를 다루는 목적은 자신의 은사를 찾는 것이 아니라, 각 은사들의 의미를 규명하는 것이었습니다. 지금부터 일 년 뒤, 오늘보다는 자신의 은사가 무엇인지 더 잘 알 수 있을 것입니다. 왜냐하면 직접 사역에 참여하고 다른 사람들로부터 자신의 은사를 확인하게 되는 시행착오를 통해서 배울 수 있기 때문입니다.

다음과 같이 이야기하는 사람들이 있습니다. "저는 은사를 사용해서 사역을 하고 있지만 전혀 흥미를 느끼지 못합니다. 성취감이 없습니다." 그것이 바로 '영적인 은사'(적어도 한 가지 이상. 그리고 여러분 대부분은 많은 은사를 가지고 있습니다.) 뿐만 아니라 자신의 '마음', '능력', '개성', 그리고 '경험'도 같이 살펴봐야 하는 이유입니다. 그 다섯 가지가 모두 조화를 이루면서, 사역에서 동시에 이루어지면 당신은 열매와 성취를 얻게 될 것입니다.

인도자를 위한 팁

> 목록에서 발견한 자신의 영적 은사를 참가자용 교재 82페이지에 있는 "나의 형상 소개서"의 "3. 영적 은사"란에 기록하도록 안내하라.
> 영적 은사(S-Spiritual gifts)는 S.H.A.P.E.의 첫 번째 요소다. 어떤 영역에 은사가 있고 그 은사를 사용하는 것만으로 사역이 완성되는 것은 아니다. 다른 많은 요소들이 있다. 자신의 사역을 결정하기 위해서는 영적인 은사 이외에 살펴보아야 할 네 가지 다른 요소들이 있다. '마음'(Heart), '능력'(Abilities), '성격'(Personality), '경험'(Experiences)이 그것이다.
> 이제 두 번째인 '마음'(Heart)에 대해서 알아볼 것이다.

II. 당신의 마음을 발견하십시오
당신의 심장 박동을 점검해 보십시오

1. 당신의 마음이 <u>진정한</u> 당신입니다.

사람의 몸을 생물학적인 차원에서 볼 때, 우리 각 사람은 약간씩 서로 다른 패턴의 독특한 심장 박동을 가지고 있습니다. 마찬가지로, 하나님께서는 우리 각자에게 관심을 끄는 활동, 주제, 혹은 환경을 만날 때 열심히 달려 나가게 하는 독특한 감정적 "심장 박동"을 주셨습니다. 우리는 본능적으로 어떤 것들에 대해서는 민감하게 반응하고, 그 외의 것들에 대해서는 무관심합니다.

2. 성경은 "마음/심장"(Heart)을 다음의 의미로 사용합니다.

우선 사전은 세 가지 방식으로 심장(heart- 마음)을 정의하고 있습니다.

1) 당신의 피를 뿜어내는 기관
2) 당신의 감정적 구조나 성향
3) 역동적인 힘 혹은 밀고 나가는 추진력

세 번째의 것은 "그 사역의 심장이 되는 것은…" 혹은 "그 기구의 심장부는…"이라고 사람들이 말할 때의 그것입니다.

성경은 "마음"이라는 말을 우리의 동기와 소원과 성향의 중심을 나타내기 위해서 사용합니다.

"여호와를 기뻐하라 그가 <u>네 마음의 소원</u>을 네게 이루어 주시리로다" (시 37:4).

'네 마음의 소원'에 밑줄 치십시오. 성경은 우리의 경향과 동기와 소원의 중심을 나타내기 위해서 마음이라는 말을 사용하고 있습니다. 이는 시

편과 다른 부분에서 줄곧 나타납니다. "온 마음을 다하여 하나님을 섬기라…", "온 마음을 다하여 하나님을 사랑하라", "그분께 너의 마음을 드리라"라고 말씀하고 있습니다. 예수 그리스도를 우리 마음에 영접하는 것에 대해 말하고 있습니다.

그리스도를 우리의 경향과 동기와 소원의 중심으로 모시는 것에 대해 이야기하고 있습니다.

3. 당신의 마음은 다음과 같은 것들을 결정합니다.

1) 내가 왜 그렇게 <u>말하는가</u>를 결정합니다.
"마음에 가득한 것을 입으로 말함이라"(마 12:34).

사람들은 이렇게 이야기합니다. "별 생각 없이 말했어요", "내가 말한 것이 어디서 나왔는지 모르겠어요." 그러나 그 말은 자기 마음에서 온 것입니다. 성경은 우리가 말하는 것이 우리 마음에 있는 것이라고 말합니다.

2) 내가 왜 그렇게 <u>느끼는가</u>를 결정합니다.
"하나님의 말씀은…마음의 생각과 뜻을 판단하나니"(히 4:12).

성경은 느낌과 생각의 동기가 우리의 마음에 있다고 말씀하고 있습니다. 어떤 신체 기관을 이야기하는 것이 아니라 우리의 의욕, 욕망, 그리고 동기의 중심에 대해 말하는 것입니다.

3) 내가 왜 그렇게 <u>행동</u>하는지를 결정합니다.
"모든 지킬 만한 것 중에 더욱 <u>네 마음을 지키라</u> 생명의 근원이 이에서 남이니라"(잠 4:23).

'네 마음을 지키라'에 밑줄 치십시오. 왜 마음을 지켜야 합니까? 마음에서 말이 결정되기 때문입니다. 마음에서 우리의 감정이 나오기 때문입니다. 마음이 행동을 결정하기 때문입니다. 우리의 행동은 우선 우리 마음에서 나옵니다. 따라서 마음이 우선입니다. 이러한 사실이 우리에게 가르쳐 주는 것은 바로 마음이 진짜 '나'라는 사실입니다. 우리 마음이 주님 앞에서 바르게 서 있을 때 언제나 주님께서 기뻐하시는 삶을 살 수 있습니다. 마음이 중요합니다.

4. 왜 하나님께서는 각 사람에게 <u>독특한 심장 박동</u>을 주셨을까요?

생리적으로 우리 각 사람은 독특한 심장 박동을 가지고 있습니다. 손금 모양, 눈의 망막 모양, 목소리가 사람마다 다른 것처럼 말입니다. 마찬가지로 하나님께서는 우리에게 흥미를 주는 어떤 활동이나 대상이나 환경을 만날 때 그것을 향해 돌진하게 만드는 독특한 정서적 심장 박동을 각 사람에게 주셨습니다. 우리는 본능적으로 어떤 특정한 것에 대해서 깊은 감정을 느낍니다. 이런 경험이 있으십니까? 결혼하신 분들 중에, 자신의 배우자는 마음이 끌리지 않았는데 자신의 심장이 뛰는 경우가 있을 수도 있습니다. 우리가 모두 각기 다른 생리적 심장 박동을 가진 것처럼, 각기 다른 것들을 하고 싶어 합니다. 아내와 남편도 각기 다를 수 있습니다.

하나님이 주신 이러한 의욕은 우리 인생에 있어서 '내적인 지도체계'로 작용합니다. 이것은 무엇이 우리의 관심이 되는지, 무엇을 할 때 가장 큰 만족과 성취감을 느끼는지를 결정합니다. 또한 어떤 특정한 활동이나 대상, 그리고 환경을 추구하도록 동기를 유발합니다.

하나님께서 여러분에게 타고난 관심을 주신 데에는 어떤 목적이 있습니다. 실제로, 당신의 감정적 심장 박동은 당신의 삶에 대한 하나님의 계획과 의도를 이해하는 데 매우 중요한 열쇠가 됩니다.

"하나님이 <u>자기 뜻</u>대로 할 마음을 그들에게 주사 한 뜻을 이루게 하시고"(계 17:17).

'자기 뜻'이라는 말에 밑줄 치십시오. 여러분의 삶에 대한 하나님의 목적이 무엇인지 아는 한 가지 방법은, '내가 무엇을 하고 싶어 하는가'를 살펴보는 것입니다. 많은 사람들은 "내가 좋아하는 것은 틀림없이 하나님의 뜻

이 아닐 것이다"라고 생각합니다. "하나님의 뜻은 틀림없이 무엇인가 괴로운 것일 것이다." "내가 정말 좋아하고 참으로 그것을 바라면 하나님의 뜻일 수가 없다, 그것은 죄가 틀림없다"라고 말입니다. 하지만 하나님의 진정한 뜻을 알아야 합니다. 아래의 문구를 같이 읽어 보겠습니다.

> 하나님께서는 우리의 마음에 기록된 모든 것들의 저자가 되십니다. 그리고 그분은 내가 나의 열정과 관심을 사용하여 하나님의 뜻을 성취하기를 매우 간절히 원하십니다.

5. **당신의 심장 박동(마음)이 사역을 위해 당신을 동기부여하게 함으로써 하나님의 뜻을 행하고 하나님의 목적을 섬길 수 있습니다.**

하나님께서는 당신의 목적을 이루시기 위해 우리 마음에 특정한 어떤 일을 하도록 소원함을 심어 주신다고 말씀하십니다. 하나님께서 타고난 흥미를 주신 목적이 있습니다. 우리의 정서적 심장 고동은 우리 삶을 향한 하나님의 계획과 의도를 이해하는 데 아주 중요한 열쇠입니다.

"주께서 내 마음을 넓히시면 내가 주의 계명들의 길로 달려가리이다"
(시 119:32).

인도자를 위한 팁

사람들이 일하는 스타일의 기호에 따라 세 가지 다른 유형의 사람들이 있다. 첫 번째로 '개척자들'이다. 그들은 무엇인가를 시작할 때 심장이 뛰는 사람들이다. 그리고 두 번째로 '편성하는 사람'들이다. 이미 시작된 일들을 취해서 정리하는 일에 가슴이 뛰는 사람들이다. 세 번째로 '행정가/ 관리자들'이다. 이미 편성된 일들을 맡아서 효율적으로 유지하는 것을 좋아하는 사람들이다. 이 세 유형의 사람들이 하나의 프로젝트를 위해 모두 필요하다. 교회에서 프로젝트를 실행할 때 영적 은사와 함께 각각의 분야에서 심장이 뛰는 사람들을 투입하는 것이 효과적이다.

6. 성경은 하나님께서 당신의 마음을 만드셨다고 아주 분명히 말해 줍니다. 그러나 그 마음을 선하게 사용하느냐 혹은 악하게 사용하느냐, 이 기적인 목적을 위해 사용하느냐, 혹은 사역을 위해 사용하느냐 하는 것은 여러분의 선택에 달려 있습니다.

여러분은 "마음속에 독한 시기와 다툼"(약 3:14)을 가질 수도 있고, "마음을 다하여 여호와를 섬길"(삼상 12:20) 수도 있고, "마음으로 하나님의 뜻을 행할"(엡 6:6) 수도 있습니다.

여기서 핵심은, 하나님께서 우리에게 '의욕'을 주셨다는 것입니다. 우리는 그중에서 15가지 사항에 대해서 살펴보게 될 것입니다. 그것들은 모두 도덕과 관계없는 중립적인 것입니다. 그러나 선을 위해서도 악을 위해서도 쓰일 수 있습니다.

예를 들면, 의욕적으로 한 가지를 성취하고 싶은 욕망이 있습니다. 어떤 사람들은 부를 축적하고 싶은 욕망과 능력이 있습니다. 그들은 무엇을 하든지 재물을 모읍니다. 긍정적으로도 부정적으로도 사용될 수 있습니다. 그것은 악덕으로도 미덕으로도, 죄로도 사역을 위한 도구로도 사용될 수 있습니다. 마음의 근본 동기는 선한 것도 나쁜 것도 아닙니다. 하나님께서 우리에게 주셨기 때문에 선한 것입니다. 그러나 여러분은 그것을 선한 방법으로도 악한 방법으로도 사용할 수 있습니다.

어떻게 내가 하나님의 뜻을 행하고 하나님의 목적을 섬길 수 있을까요? 스스로 사역을 하도록 내 마음에 동기를 부여할 때입니다! 그리고 그것은 '선택'에 달려 있습니다.

마음 발견 테스트

당신의 마음 혹은 열정이 향하고 있는 다음 세 가지 길들을 생각해 보십시오.

> **인도자를 위한 팁**
>
> 일의 대상에 따라서 기본적으로 세 가지 유형의 마음이 있다. 어떤 사람들은 사람들과 일하는 것을 더 좋아한다. 어떤 사람들은 사람을 다루는 일을 좋아하지 않고 손으로 하는 일이나 물건을 다루는 일을 좋아한다. 또 어떤 사람들은 물건이 아니라 사실, 수치, 언어, 정보와 자료들을 다루는 것을 좋아하기도 한다. 하나님께서는 우리를 모두 다르게 지으셨다. 이 세 가지 다른 유형의 사람들은 하나의 프로젝트를 진행할 때 모두 필요하다. 교회의 프로젝트를 실행할 때 영적 은사와 함께 그러한 곳에 심장이 뛰는 사람들을 투입하는 것이 효과적이다.

- 어떤 "역할"에 대한 열정 (내가 하기를 좋아하는 것)
- 어떤 "사람"에 대한 열정 (내가 섬기고 싶은 사람들)
- 어떤 "동기"에 대한 열정 (내가 동기부여 되는 것)

자신의 심장 고동을 이해하는 열쇠는, 과거에 자신이 성취한 것을 관찰하는 것입니다. 자신이 이룩한 업적들을 살펴보고 공통적인 동기를 조사해 보십시오. 어떤 중요한 단어가 계속해서 반복되는 것을 발견할 수도 있습니다. 아래 기록된 것들은 모두 하나님께서 주신 동기들입니다. 이기적으로 사용될 때만 죄가 됩니다. 이 모든 것들이 전부 효과적으로 하나님을 섬기는 사역에 사용될 수 있습니다. 영적인 것이 아니더라도 당황하지 마십시오. 아래에 열거한 15가지 사항은 거의 모두 열두 사도들의 사역 가운데 확인할 수 있는 것들입니다.

다음은 15가지 예입니다. 다른 것들을 생각할 수도 있습니다.

1. 어떤 역할에 대한 열정 : "내가 하기를 좋아하는 것"

아래 목록 가운데서 당신이 성취하기를 즐기며 당신을 가장 잘 묘사하는 "역할들"이 무엇인지 확인해 보십시오. 만약 이 목록 가운데서 그 어느 것도 당신에게 적합하지 않다면, "기타"라는 항목에 당신에게 맞는 역할을 자유롭게 기록하십시오.

마음 발견 테스트를 끝낸 후 당신이 선택하고 기록한 내용을 "나의 형상 소개서"(p.82)에 옮겨 적으십시오.

☐ 고안/개발 : 나는 아무것도 없는 상태에서 처음부터 시작하여 무언가를 만들어 내는 것을 좋아합니다. 아이디어 단계부터 시작해 무언가 시작하는 것을 좋아합니다.

☐ 개척 : 나는 새로운 개념들을 실험하고 시도해 보는 것을 좋아합니다. 나는 실패를 두려워하지 않습니다.

어떤 사람들은 새로운 것들을 좋아하지 않습니다. 그리고 자신들이 그것을 다루기 5년 전부터 이미 다루어져 온 것이기를 원합니다.

☐ 조직 : 나는 혼돈 가운데 있는 것을 체계화하는 것을 좋아합니다. 나는 이미 시작된 어떤 일들을 조직화하기를 좋아합니다.

정리하는 것을 좋아하는 사람들은 금세 알 수 있습니다. 그들의 옷장을 한번 살펴보십시오. 모든 옷들이 똑같이 옷걸이에 걸려 있고 때로는 색깔도 맞춰져 있습니다. 구두는 모두 가지런히 정리되어 있습니다.

☐ 운영/관리 : 나는 이미 조직화된 어떤 무엇을 효율적으로 유지해 나가는 것을 좋아합니다.

☐ 섬김/도움 : 나는 다른 사람들이 책임을 다할 수 있도록 돕는 것을 좋아합니다. 나는 다른 사람들이 성공하도록 돕는 것을 즐깁니다.

- 구입/소유 : 나는 물건을 쇼핑하고, 수집하고, 얻는 것을 즐깁니다. 나는 가장 좋은 가격에 가장 좋은 물건을 구입하기를 즐깁니다.

- 탁월함 : 나는 내가 최고가 되는 것과 나의 팀이 최고가 되도록 만드는 것을 좋아합니다. 나는 이룰 수 있는 가장 높은 기준을 정해 놓고 거기에 이르는 것을 즐깁니다.

- 영향력 : 나는 사람들을 내 사고방식에 동화시키는 것을 즐깁니다. 나는 다른 사람들의 태도와 행동을 잡아주는 것을 즐깁니다.

- 공연 : 나는 무대에서 다른 사람들로부터 주목받는 것을 좋아합니다. 나는 남들에게 부각되는 일을 좋아합니다.

위의 목록이 그다지 영적인 것으로 들리지 않는다고 말하는 사람도 있습니다. 하지만 실제로 위의 요소들은 중립적인 것입니다. 드라마나 음악, 연설 등과 같은 분야에서 여러 가지 다양한 방식으로 주님을 위해 사용될 수 있습니다. 하나님을 위해서, 아니면 자기 자신을 위해서 사용할 수 있습니다.

- 개선 : 나는 어떤 것이든 더 좋은 것이 되게 만드는 것을 좋아합니다. 나는 누가 계획하거나 시작한 것들을 더 좋게 만드는 것을 즐깁니다.

- 수리 : 나는 고장 나거나 유행에 뒤떨어진 오래된 물건 고치기를 좋아합니다.

- 이끎/책임짐 : 나는 길을 안내하고, 전체를 살피며 이끄는 것을 좋아합니다. 나는 일이 어떻게 되어야 하는지 결정하는 것을 즐깁니다.

- 인내 : 나는 일이 마무리되는 것을 보기 원합니다. 나는 어떤 일이 성취될 때까지 끈질기게 밀고나가는 것을 즐깁니다.

어떤 사람의 경우, 어떻게 일을 그만두는지를 모르는 것이 삶에 있어 기본적인 동기가 되기도 합니다. 좋든 싫든 계속해서 끝까지 그 일을 완수합니다.

- 규칙을 지킴 : 나는 정책과 절차를 따라 일하는 것을 좋아합니다. 나는 조직이나 상사의 기대에 맞추는 것을 즐깁니다.

어떤 사람들은 매우 원만한 환경에서 작업하는 것을 좋아하지 않습니다. 우리는 모두 다르게 지음을 받았습니다. 어떤 사람들은, 기대되는 것과 그렇지 않은 것이 명확하게 드러난 상황에서 작업하기를 좋아합니다. 그들은 한정된 요소들을 가지고 운용을 잘합니다. 그리고 조직이나 지도자의 기대를 충족시키는 것을 매우 좋아합니다.

- 극복 : 나는 의를 위해 싸우고 불의에 대항하는 것을 즐깁니다. 나는 불의와 싸워 이기는 것을 즐깁니다.

어떤 사람들은 십자군(불의에 대항해 싸우는)과 같은 성향이 있습니다. 그들은 그러한 소원함과 능력이 있습니다. 항상 주장하는 대의가 있어서 한 가지가 해결되면 또 다른 것을 취합니다.

- 기타 : _____

인도자를 위한 팁

목록을 살펴보면서 참가자들은 자신에게 맞는 것을 적어도 한 가지 이상은 발견했을 것이다.
　목록에서 자신의 마음에서 기본적인 동기가 어떻게 유발되는지를 발견했다면 83페이지에 있는 "나의 형상 소개서"의 "마음" 란에 기록하게 하라.

새들백 이야기 : 릭 워렌 목사의 "마음" 이야기

저의 인생의 기본적인 동기는 영향력입니다. 어렸을 때부터 자라면서 제가 했던 모든 일들을 되돌아보았을 때, 다음과 같은 것들이 제 삶의 기본적인 동기였습니다. 저는 종종 지도자의 위치에 있었습니다. 하지만 저의 동기는 지도자가 되는 것은 아니었습니다. 솔직하게 지도자가 되지 않고 사람들에게 영향력을 줄 수 있다면 지도자가 되고 싶지 않습니다. 하지만 저는 사람들의 삶이 변화되는 것을 보기 원합니다. 영향을 끼치는 것을 좋아하는 것입니다. 그것이 제 삶의 기본적인 동기가 됩니다. 제가 사람들에게 영향력을 줄 수 없다면 저는 불행할 것입니다. 그러나 제 은사가 사람들에게 영향을 주는 데 사용되지 않는다면 일들이 제대로 되지 않을 것입니다. 다른 일도 마찬가지입니다. 저는 영향력을 끼치는 목적을 가지고 일을 합니다.

제 아내인 케이는 종종 이렇게 말합니다. "당신이 크리스천이라서 다행이에요." 제 마음이 옳지 않다면 잘못된 방식으로 사람들에게 영향을 줄 수도 있기 때문입니다. 제가 고등학교에 다닐 때 한번은 6-8백 명 정도 되는 아이들이 학교를 하루 결석하도록 주동을 했습니다. 그뿐 아니라 학교를 결석하고 시내를 행진하게 했습니다. 우리는 법원으로 행진을 해 갔습니다. 삶을 그리스도께 드리기 전에도 저는 영향력을 끼치고 있었던 것입니다. 하나님께서 제 삶에 주신 모습입니다.

인도자를 위한 팁

83페이지에 있는 "나의 형상 소개서"를 사역 지도 상담자와의 개인 사역 면접을 위해서 가지고 오도록 해야 한다. 이 소개서를 바탕으로 교회의 사역들과 연결시키도록 하라. 위의 목록 중에서 자신에게 해당되는 사항이 여러 가지 있을 수 있다. 그렇지만 상위의 두세 가지만 적어야 한다. "마음"에 관해서는 3가지 질문이 있다. 각각에 상위의 것들을 기록하게 하라.

교회는 교역자 중 한 사람을 전문 사역 지도 상담가로 임명하

> 여 301과정 전반과 교회의 사역 전반에 대해서 파악하도록 해야
> 한다. 가능한 현재 교회에서 오랫동안 사역했고 운영, 관리, 행정
> 의 역할에 열정적인 교역자가 좋을 것이다.

2. 어떤 사람에 대한 열정: "내가 섬기고 싶은 사람들"

"어떤 유형의 사람들은 어떤 연령의 사람들을 위해 일하는 것을 좋아하는가?" 어떤 사람들은 어린아이들을 위해 일하는 것을 좋아합니다. 또 어떤 사람들은 아이들을 위해 일하는 것을 싫어하고 어른들과 일하기를 좋아하기도 합니다. 어떤 사람들은 중·고등학교 학생들에게 마음이 있기도 합니다.

어떤 사람에게는 교사의 은사가 있습니다. 특히 어린아이들에 대한 마음이 있는데 성인 반을 가르쳐 달라는 요청을 받는다면 괴로워질 것입니다. 그것은 은사 그 이상인 것입니다. 우리는 마음을 가진 존재입니다. 어떤 사람은 이렇게 말할 수 있습니다. "저는 조직하는 일에 은사가 있습니다. 그리고 해외선교에 대한 마음이 있습니다." 그렇다면 그 사람은 사무실에서 행정을 하는 것이 아니라 선교여행 같은 일들을 계획해야 합니다. 이렇게 이야기할 수도 있습니다. "저의 은사는 지도력입니다." 지도력의 은사가 있다면 지도력을 행사할 수 있는 어떤 자리에 있게 되든지 그 일을 잘 해낼 것입니다. 그러나 이렇게도 말할 수 있습니다. "저는 집 없는 아이들에 대한 마음이 있습니다." 혹은 "저는 군대에 있는 사람들에 대한 마음이 있습니다."

여러분의 마음은 여러분의 은사와는 다릅니다. 따라서 어떤 사람들을 가장 섬기고 싶은지, 어떤 유형이나 어떤 연령의 사람들을 섬기고 싶은지를 "나의 형상 소개서"에 적으십시오.

다음에 나오는 연령 그룹과 호감 그룹을 보고 당신이 가장 섬기고 싶은 사람들을 동그라미로 표시하십시오. 만약 이 목록의 어느 대상도 당신과 맞지 않다면, 주어진 "기타" 항목에 당신에게 맞는 대상을 자유롭게 써넣으십시오.

연령 그룹
- 대학생/청년
- 초등학생
- 중학생
- 영아들/아기
- 고등학생
- 60세 이상의 사람
- 유치원 아이
- 유아
- 젊은 기혼자
- 여자

호감 그룹
- 운동선수
- 사업가
- 부부
- 가족
- 청각장애우
- 남자
- 음악인
- 아이 키우는 아버지 혹은 어머니
- 독신
- 기타 : _____

새들백 이야기 : 케이 워렌 사모의 "내가 섬기고 싶은 사람들" 이야기

릭 워렌 목사의 아내 케이 워렌(Kay Warren)은 전형적인 백인 중상층 부인이었다. 적어도 2002년 한 사진을 보기 전까지는 말이다. 케이는 잡지를 이리저리 넘기다가 에이즈로 죽어가는 아프리카 사람들을 찍은 사진을 보는 순간 온몸에 전율을 느꼈다. 앙상한 뼈에 몸에 붙은 파리를 쫓을 기운조차 없어 보이는 아이들 사진 아래에 이런 기사가 있었다. "에이즈로 고아가 된 아이들이 아프리카에서만 1천2백만 명이나 된다." 그 후 한 달이 지났지만 사진에서 본 아이들의 모습이 눈앞에서 떠나지 않았다. 그때 그녀는 자신이 선택의 기로에 서 있다는 것을 깨달았다. 그녀는 에이즈에 감염될까 봐 겁이 나기도 했지만, 이렇게 고백할 수밖에 없었다. "주님이 나의 생명을 원하신다면, 그것이 당신이 요구하시는 것이라면, 드리겠습니다. 어떤 대가를 치르더라도 기꺼이." 하나님이 그녀의 마음에 감동을 주셨고, 지금 그녀의 심장은 전 세계에서 HIV와 AIDS에 감염된 4천만 명의 사람들을 위한 열정으로 뛰고 있다. 그리고 실제적으로 그녀의 사역은 엄청난 영향을 끼치고 있다.

케이 워렌의 열정과 헌신을 좀 더 알고 싶다면 국제제자훈련원에서 출간된 『위험한 순종』을 읽어 보라.

> **새들백 예화 :**
> 19세기 위대한 설교자 무디(Moody)의 일화입니다. 그가 런던을 방문했을 때, 그를 찾아온 영국 목사들은 어떻게 많이 배우지도 못한 이 사람이 놀라운 사역을 하고 있는지 궁금해 했습니다. 무디는 그들을 창가로 데리고 가서 창밖에 무엇이 보이는지 물었습니다. 다른 목사들의 눈에는 공원에서 한가로이 거닐고 있는 사람들이 보였지만 무디의 눈에는 잃어버린 영혼들이 보였습니다. 영국 목사들은 무디에게 무엇이 보이냐고 질문했습니다. 무디는 눈물을 흘리며 말했습니다. "구세주를 만나지 못하면 영원히 지옥에서 보내게 될 많은 영혼들을 보고 있습니다."

3. 어떤 동기에 대한 열정 : "내가 동기부여 되는 것"

만약 실패하지 않는다는 것을 알고 있다면 하나님을 위해 어떤 인생을 사시겠습니까? 그냥 한번 생각해 보는 것입니다. 실패할 가능성이 없다면, 그리고 필요한 돈과 시간을 다 가지고 있다면 하나님을 위해 무엇을 하겠습니까? 떠오르는 것을 적어 보십시오. 우리 교회는 꿈이 실현되는 곳입니다. 그 일이 어떻게 이루어질지는 누구도 알 수 없습니다. 그 꿈이 바로 마음의 성향입니다.

다음에 제시된 다양한 동기들을 보고 당신이 섬기는 데 가장 뛰어나고 싶은 대상에 동그라미로 표시하십시오. 만약 이 목록 가운데서 그 어느 것도 당신과 맞는 대상이 없다면, 주어진 "기타" 항목에 당신에게 맞는 것을 자유롭게 써넣으십시오.

- ☐ 구제
- ☐ 건강 및 몸만들기
- ☐ 긴급구조 운동
- ☐ 교제
- ☐ 국제적, 세계적 사역
- ☐ 가정 학대/폭력
- ☐ 결혼
- ☐ 과학 및 기술
- ☐ 교회 개척
- ☐ 노숙자

- ☐ 다음 세대 교육
- ☐ 리더를 준비시킴
- ☐ 법 및 사법 체계
- ☐ 사업과 경제
- ☐ 세계 복음화
- ☐ 환자들 돌보기
- ☐ 운동 경기
- ☐ 위기에 처한 아이들
- ☐ 인종 문제
- ☐ 장애 및 지원
- ☐ 전도
- ☐ 중독증세에서 회복
- ☐ 시, 군, 도, 국가의 이슈들
- ☐ 충동적 행위
- ☐ 사람들이 사역에 참여하도록 돕는 것
- ☐ 기타 : _____

- ☐ 대중 매체 및 엔터테인먼트
- ☐ 마약과 술 중독에서의 회복
- ☐ 질병 및 상처
- ☐ 성욕 및 성에 관한 이슈들
- ☐ 시각장애우
- ☐ 예배
- ☐ 윤리
- ☐ 이혼에서의 회복
- ☐ 자녀교육 및 가족
- ☐ 재정 운영
- ☐ 정책 및 정치
- ☐ 지역사회 및 이웃의 이슈들
- ☐ 청각장애우
- ☐ 환경 문제

나의 열정을 일으키는 동기들이 무엇인지 "나의 형상 소개서"에 적으십시오.

참고 : 자신만의 심장 박동을 발견하는 5가지 열정의 원칙(케이 워렌의 예)

1. 나를 이끌고 있는 힘은 무엇인가?
   - 하나님이고, 그 하나님의 이름을 매일의 삶에서 영화롭게 하기 위해 자신이 받은 모든 것을 사용하고자 하는 소망이다.
2. 마음에 부담감이 생기는 사람은 누구인가?
   - HIV와 에이즈에 걸린 사람들.
3. 내가 그들에게 무엇을 채워줘야 하는가?
   - 에이즈 환자들의 영적, 정서적, 육체적 필요.

> 4. 이 일에서 내가 원하는 것은 무엇인가?
>   - 보살핌, 교육, 약을 통해 HIV와 에이즈가 전 세계로 확산되는 것을 막는 것이다.
> 5. 하나님 나라를 위해 내가 궁극적으로 꿈꾸는 것은 무엇인가?
>   - 평생을 바쳐 HIV와 에이즈가 완전히 없어지도록 돕는 것이다.

다섯 가지의 우리의 모습(SHAPE)은 다음과 같습니다. 영적 은사(Spiritual Gifts), 마음(Heart), 능력(Abilities), 성격(Personality), 경험(Experiences). 그중에서 세 번째인 '능력'(Abilities)에 대해서 알아보겠습니다. 우리가 물어야 할 질문은 이것입니다. 내가 습득한 직업적인 기능은 무엇이며 하나님께서 나에게 주신 타고난 재능은 무엇입니까?

III. 당신의 능력을 발견하십시오

여기서 말하는 능력이란 당신이 태어날 때 받은 자연적인 재능입니다. 우리 각 사람이 가진 모든 능력은 하나님께서 주신 것입니다. 성경은 이렇게 말씀합니다.

"하나님께서는 우리 각자에게 어떤 것들을 잘 할 수 있는 <u>능력을 주셨습니다</u>"(롬 12:6, NLT 번역).

'능력을 주셨습니다'에 밑줄 치십시오. 은사만 하나님께서 주신 선물이 아니라 각 사람이 가지고 있는 능력들도 하나님께서 주신 선물입니다. 내가 가지고 있는 모든 능력은 본질적으로 하나님께서 우리에게 맡기신 것입니다. 그래서 우리가 경영하고 사용하는 것이죠. 그 주인은 하나님이십니다.

하나님께서 당신에게 이 능력을 주셨기 때문에, 능력이라는 것도 당신의 영적 은사처럼 중요합니다. 능력이 영적 은사와 핵심적으로 다른 점은 능력은 내가 세상에 태어날 때 주어진다는 것입니다.

"<u>일의 성과(능력)</u>는 여러 가지지만…"(고전 12:6, 새번역).

"하나님의 영을 그(브살렐)에게 충만하게 하여 지혜와 총명과 지식과 <u>여러 가지 재주로(능력으로)</u>"(출 31:3).

'일의 성과(능력)', '여러 가지 재주로(능력으로)'에 밑줄 치십시오. 하나님이 장막과 제사 기구들을 만들고자 하셨을 때 그것을 '예술적으로 디자인하고 만들 수 있는 기술, 능력, 지식을 갖춘 예술가, 장인들'을 공급해 주셨습니다. 오늘날도 마찬가지로 하나님은 사람들이 당신을 섬길 수 있게 하려고 많은 사람들에게 능력을 주셨습니다. 하나님께서 이 세상에서 똑같은 사람이 없도록 우리를 창조하셨습니다. 우리 자신을 독특하게 만들어 주는 요소를 똑같이 가진 사람은 아무도 없습니다.

사역에 참여하지 않는 사람들이 내놓는 가장 흔한 변명들 중 하나는 "나는 봉사할 만한 능력이 없다"는 것입니다. 그러나 이 말처럼 사실과 다른 것은 없습니다. 중요한 것은 당신의 능력에 걸맞은 사역을 찾는 것입니다.

인도자를 위한 팁

지금 301과정에 참가하고 있는 사람들도 많이 다르지 않을 것이다. 그들에게 능력이 없는 것이 아니라, 아직 발견하지 못하고 있는 것뿐이다. 인도자는 능력에 대한 오해를 다루기 전에 참가자들에게 자신이 가지고 있는 능력을 말해 보도록 하라. 그리고 교재에서 다루는 능력에 대한 잘못된 오해를 수정할 수 있도록 도우라. 301과정을 모두 마친 후에는 대부분의 참가자들의 오해가 해결될 수 있을 것이다.

1. 능력에 대한 잘못된 생각은 어떤 것들이 있습니까?

1) 오해 1 : 대부분의 사람들은 가진 능력이 별로 없다.
   진실은 대부분의 사람들이 500에서 700가지의 구체적인 기술을 가지고 있다는 것입니다.

2) 오해 2 : 사람에게 타고난 기술이란 있을 수 없다. 모든 기술은 경험을 통해 배워야만 한다.
   이 말도 사실이 아닙니다. 수많은 능력이 태어날 때 주어져서 어린 아기 때부터 개발됩니다. "그 사람은 그 부분에 대해 타고난 재능이 있어" 라고 말할 때가 있는데, 이것은 맞는 말입니다.

3) 오해 3 : 내게 능력이 있다면, 내가 가진 능력이 무엇인지 스스로 잘 알게 된다.
   이것 또한 맞지 않습니다. 우리는 자신도 모르는 가운데 수많은 능력이나 기술을 사용하고 있을 수 있습니다. 그러므로 우리가 가진 능력을 확인해 보는 과정이 필요합니다.

4) 오해 4 : 기술을 개발시키기 위해서는 타고난 재능이 있어야 한다.
   진실은 타고난 재능이 없어도 수많은 일을 배울 수 있다는 것입니다. 필요나 간절한 소원은 우리가 기술을 배우도록 동기부여해 줍니다.

5) 오해 5 : 유용한 기술은 주로 교실에서 배운다.
   사실, 우리가 가진 가장 기본적인 기술들 중 일부분은 가정이나, 길거리에서 또는 교실 밖의 다른 어떤 곳에서 배운 것입니다.

6) 오해 6 : 내가 직장에서 사용하는 기술은 직장 환경에서만 사용할 수 있다. 그 기술을 사역에서는 사용할 수 없다.
   301과정이 마칠 때 당신은 이 생각이 얼마나 잘못된 것인지를 보게 될 것입니다.

　사람들은 봉사를 하지 않으면서 대부분 핑계를 댑니다. 이렇게 말이죠. "나는 그런 일을 할 만한 능력이 없어." 하지만 우리는 현관에 깔아 놓은 매트처럼 그저 깔아만 놓고 한 번도 들춰보지 않아서 무엇이 있는지도 모르고 발견되지도 못한 수백 개의 능력들을 소유하고 있다는 사실을 알아야 합니다. 여러 가지 자료에 의하면 보통 수준의 사람들은 500 내지 700가지의 기술을 소유하고 있습니다. 몇 가지 예를 들어 볼까요?
　우리의 뇌는 100조의 사실을 저장할 수 있고, 우리의 마음은 소화 기관이 작동되기 위해 1초에 15,000개의 결정을 내릴 수 있다. 우리의 코는 1만 가지 이상의 냄새를 맡을 수 있고, 우리의 감각으로 1/25,000인치의 물건을 인식할 수 있습니다. 우리의 혀는 물을 구성하고 있는 2백만 개 가운데 하나인 탄산 원료도 감지할 수 있습니다. 우리는 놀랄 만한 능력 덩어리며 하나님의 기묘한 창조물입니다.
　성경은 하나님이 당신의 영광을 사용하시는 여러 가지 능력의 예를 열거하고 있습니다. 성경에 나타난 예를 들어 보면 다음과 같습니다. 예술 능력, 건축능력, 행정, 빵 굽기, 미용 기술, 배 만들기, 사탕 제조, 토론하기, 디자인하기, 시신에 향유로 염하기, 수놓기, 조각하기, 농사짓기, 고기잡이, 원예, 지도하기, 관리하기, 석공술, 무기 제조, 바느질, 목수일, 배 운전하기, 물건 팔기, 군인, 옷 만들기, 가르치기, 시 쓰기를 비롯한 문학 창작 등 그 외의 많은 것이 성경에 언급되어 있습니다. 하나님은 교회 안에 우리의 특기가 빛을 발하고 우리가 영향을 끼칠 수 있는 부분을 만들어 놓으셨습니다. 그 부분을 찾는 것은 우리의 몫입니다. 다음의 능력 발견 테스트를 통해서 참가자들이 그 부분을 찾을 수 있을 것입니다.

능력 발견 테스트

아래에 소개된 능력들 가운데서 당신을 가장 잘 묘사해 주는 능력이 무엇인지 확인하십시오. 만일 그 어느 것도 나와 맞는 것이 없다면, "기타" 항목에서 당신에게 맞는 것을 자유롭게 써넣으십시오. 이 작업을 끝낸 후에 대답들을 "나의 형상 소개서"(p.82)에 옮겨 적으십시오.

> 참고 :
> 아래의 소개된 초급, 중급, 고급의 재능들을 '정말로 좋아한다', '그냥 좋아한다', '그것 없이도 살 수 있다'로 설명하면 더 실제적일 것이다.
> - 정말로 좋아한다 : 이 일을 하지 않고 사는 삶은 상상할 수가 없다. 이 일을 해야 하루가 마무리된다. 선택할 수만 있다면 이 일을 풀타임으로 하고 싶다.
> - 그냥 좋아한다 : 이 일을 즐기기는 하지만 만족감을 얻기 위해 규칙적으로 할 필요는 느끼지 않는다.
> - 그것 없이도 살 수 있다 : 이 일은 당신이 좋아하는 일에 비하면 좀 기운이 빠지고 실망스러운 기분을 남긴다. 어쩔 수 없이 해야 하는 상황이 자주 일어나면 온몸의 기운이 쫙 빠지는 느낌이다.
>
> 『목적을 이루는 삶을 위한 S.H.A.P.E.』(pp.105-108)을 참고하라. 50가지 능력들이 소개되어 있다.

아래에는 33가지 능력들이 소개되어 있습니다. 이 목록을 살펴보고 자신이 가지고 있다고 생각하는 능력들을 확인하시기 바랍니다.

☐ **가르치는 능력** : 설명하고, 훈련하며, 증명하고, 개인적으로 지도해 주는 능력

- 계산하는 능력 : 숫자나 데이터 혹은 금전을 다루는 데 익숙한 능력
- 글 쓰는 능력 : 기사나 편지, 책을 쓰는 능력
- 기계를 다루는 능력 : 어떤 장비나 도구 혹은 기계를 다루는 능력
- 기획하는 능력 : 프로그램이나 행사의 전략을 수립하고 전체를 디자인하며 조직화하는 능력
- 대중과 관계 맺는 능력 : 사람들의 불평이나 불만족을 예의바르게 대하며 해결해 주는 능력
- 리더십 능력 : 사람들을 훈련시키고, 코칭하고, 멘토링하면서 어떤 목표를 성취하기 위해 빈틈없이 계획하고 추진하는 능력
- 모집하는 능력 : 사람들이 어떤 일에 참여하도록 협력을 얻어내고 동기를 부여하는 능력
- 분류하는 능력 : 책이나 정보, 기록과 자료를 체계화하고 항목별로 정리 보관하여 쉽게 다시 찾을 수 있게 하는 능력
- 사무 행정 능력 : 사무실에서 타이핑, 서류 정리, 녹취, 전화 받기 등의 행정적 일을 하는 능력
- 기억 능력 : 이름과 얼굴을 기억하며 생각해 내는 능력
- 상담 및 격려의 능력 : 민감하게 듣고, 격려하며, 안내하는 능력
- 언어 능력 : 아래와 같은 하나 혹은 그 이상의 언어에 대한 능력
  _____어 (   )쓰기 (   )읽기 (   )번역 (   )통역
  _____어 (   )쓰기 (   )읽기 (   )번역 (   )통역
- 경영 능력 : 어떤 사업이나 행사가 이뤄지도록 사람들을 지도하고 관련된 구체적 사항들을 조정하는 능력
- 광고 능력 : 행사나 활동을 광고하며 선전하는 능력
- 수리 능력 : 고치고 재생하고 보전하는 능력
- 식사 대접의 능력 : 소그룹이나 대그룹의 사람들을 위해 음식을 만들어 섬기는 능력
- 연구 능력 : 읽고, 정보를 모으며, 자료를 수집하는 능력
- 예술적 능력 : 미술, 사진, 장식 등 각종 예술 작품을 창작하며 만드는 능력
- 운동경기 능력 : 운동 경기에 참여하거나 코치하는 능력

- 음악적 능력 : 노래를 부르거나 악기를 연주할 줄 아는 능력
- 자원 수집 능력 : 필요하면서 비싸지 않은 자원이나 자료를 찾아 발견하는 능력
- 장식 능력 : 특별한 행사가 열리는 장소를 아름답게 꾸미는 능력
- 재무 능력 : 회계업무와 장부정리를 할 줄 아는 능력
- 조경 능력 : 화초를 잘 키우고 정원을 아름답게 가꾸는 능력
- 즐겁게 만드는 능력 : 공연, 연기, 연설, 노래 등으로 다른 사람을 즐겁게 하는 능력
- 취미와 관련된 능력 : 손으로 작업하는 다음의 영역들 가운데서 해당되는 것을 선택하세요.
  (　) 수예　　(　) 목공　　(　) 요리　　(　) 조경
  (　) 가구제작/수리　　　　(　) 바느질
  (　) 기타 : _____
- 치밀한 분석 능력 : 대답 혹은 결론에 이르기 위해 문제를 검토하고, 평가하고, 해결하는 능력
- 편집 능력 : 교정을 보거나 고쳐 쓰는 능력
- 평가 능력 : 자료를 분석하고 결론을 내리는 능력
- 환영 능력 : 다른 사람을 따뜻하게 환영하고, 그들과 친밀한 관계를 형성하며, 다른 사람들이 편안하게 느끼도록 해주는 능력
- 인터뷰 능력 : 다른 사람들이 실제로 어떤 사람인지 인터뷰를 통해 발견하는 능력
- 기술 능력 : 장비들을 사용하거나 수리하는 능력
  (아래 영역들 중에서 당신이 다룰 수 있는 영역을 확인하고 등급을 매겨 보십시오.)

오디오 기술	초급	중급	고급
마이크 설치			
믹서			
녹음			
시스템 운영			

컴퓨터 기술	초급	중급	고급
소프트웨어 (프로그램 명 :)			
하드웨어 관련			
그래픽 디자인			
웹 디자인			
프로그래밍			
MS 워드			
MS 엑셀			
MS 파워포인트			
MS 엑세스			
일러스트레이터			
포토샵			
홈페이지 개발			

조명 기술	초급	중급	고급
조명 기사			
조명 수리			

비디오 기술	초급	중급	고급
비디오 편집			
방송 세트 디자이너			
대본 작가			
분장사			
카메라 기사			
감독 / 프로듀서			
의상 코디			

이 목록을 살펴보고 자신이 가지고 있다고 생각하는 능력들을 확인하시기를 바랍니다. 그리고 가장 상위의 두세 가지로 좁혀 보십시오. 가장 분명한 기술이 보일 것입니다. 다음으로 세 번째 능력을 골라내십시오.

(내가 중급 혹은 고급이라고 등급 매긴 능력들만 "나의 형상 소개서"에 옮겨 적으세요.)

82페이지부터 시작되는 "나의 형상 소개서"의 "능력" 란에 기록하면 됩니다. 84페이지에 있는 세 가지 질문을 주목하십시오.

1) 나는 다음과 같은 능력을 가지고 있다고 느낍니다.
2) 나는 다음 주제에 대해 강의실이나 세미나에서 가르쳤거나 참여해 들었습니다.
3) 내게 가장 값진 개인적 자산이라고 느끼는 능력은?

여러분이 전혀 생각하지 못할 수도 있지만 하나님께서는 교회를 돕기 위해 여러분의 직업적 기능을 사용하기를 원하십니다. 세 가지 질문을 보고 여러분들이 가지고 있는 능력을 사실대로 써넣으십시오.

□ 기타 : _____

> **인도자를 위한 팁** | **동물학교 이야기**
>
> 다음 이야기를 사용해서 "능력"에 관한 강의를 마무리를 할 수 있을 것이다.
>
> 동물들의 학교가 있었습니다. 교과과정은 '달리기', '등산', '날기', 그리고 '수영'이였습니다. 모든 동물들이 모든 과목을 다 선택했습니다. 오리는 수영을 잘했고 훌륭하게 날기도 했지만 달리기가 형편없었습니다. 그래서 수영 수업을 줄여야 했고 방과 후에 남아서 달리기를 연습했습니다. 수영이 보통 정도의 수준이 될 때까지 달리기 연습을 계속했습니다. 교사를 포함해서 다른 동물들은 오리의 수영 실력에 대해 더 이상 기가 죽지 않았습니다. 오리를 제외하고는 모든 동물들의 마음이 편해졌습니다.
> 독수리는 문제 학생으로 취급했습니다. 예를 들어 등산 수업 시간에 나무 꼭대기까지 다른 모든 동물들을 앞설 수도 있었습니다. 그러나 거기까지 가는 데 자신의 방법을 사용하기를 고집했습니다. 그는 심하게 훈련을 받아야 했고 결국 수영 수업에서 그의 비협조성 때문에 반항 행위로 학교에서 쫓겨났습니다.

토끼는 달리기 수업에서 가장 선두였습니다. 하지만 다른 영역에서는 불충분했습니다. 그러다가 너무 많은 수영 보충수업 때문에 신경 쇠약에 걸려서 학교를 쉬어야 했습니다.

거북이는 거의 모든 과목에서 실패를 했습니다. 실패하는 이유가 그의 등껍데기라는 결정이 내려져서 껍질이 제거되었습니다. 달리기를 할 때는 약간 도움이 되었지만 애석하게도 말에 밟힌 첫 번째 사상자가 되고 말았습니다.

요약하자면, 동물학교 당국은 실망이 컸지만 전반적으로 겸손하고 훌륭한 학교였습니다. 그러나 진정한 성공은 없었습니다. 어떤 동물도 다른 동물들과 비교할 수 없었습니다. 그들은 자신들이 약한 부분에 집중을 했고 약간의 진전만이 있었습니다.

요지는, 모든 사람이 똑같은 틀에 맞지 않다는 것이다. "모든 사람들이 만점을 맞는 영역이 있다." 여러분 교회의 성도들이 자신의 능력과 맞지 않는 사역에 참여하고 있는지는 스트레스를 통해서 알 수 있다. 스트레스는 지표가 된다. 그만큼 사역을 즐겁게 하지 못하기 때문이다. 모든 사람들이 만점을 맞는 영역이 있다는 사실을 기억하라. 어떤 특정한 사역에서 최고가 되지 못한다면 여러분이 문제가 있는 사람이 아니라, 그 사역이 자신에게 적합하지 않기 때문에 그렇다는 것을 알라.

다섯 가지의 우리의 모습(SHAPE)은 다음과 같습니다. 영적 은사(Spiritual Gifts), 마음(Heart), 능력(Abilities), 성격(Personality), 경험(Experiences). 그중에서 네 번째인 '성격'(Personality)에 대해서 알아보겠습니다.

우리는 모두 독특한 개성과 기질을 가지고 있습니다. 하나님께서는 개성을 낭비하지 않으십니다. 그분은 당신에게 독특한 개성을 주셨고 그것은 하나님께서 당신의 삶을 통해 하기 원하시는 것이 무엇인지 결정할 때 살펴보는 다섯 가지 요소 중 하나입니다. 우리는 단지 사역에 대해서만 말하고 있지 않습니다. 하나님의 뜻을 아는 것에 대해 말하고 있습니다. 하나님께서 당신을 어떠한 사람으로 만드셨는지를 살펴봄으로써 당신이 무엇을 하도록 지으셨는지를 이해하게 되는 것입니다.

Ⅳ. 당신의 성격을 발견하십시오

당신에게 익숙하지 않은 일을 시도해 보기로 합시다.

1. 아래 빈칸에 당신의 이름을 써 보세요.

여러분이 주로 사용하는 손으로 써 보시기 바랍니다. 너무 잘 쓰려고 하지 말고 자연스럽게 하면 됩니다.

2. 이제는 다른 손을 이용해 당신의 이름을 써 보세요.

평소에 잘 사용하지 않는 다른 손을 이용해 당신의 이름을 써 보세요.

3. 익숙하지 않은 일을 하려고 했을 때 무엇을 느끼셨습니까?

대부분 아래에 나와 있는 세 가지 불편을 느꼈을 것입니다.

　1) 불편함을 느꼈습니다.
　2) 더 많은 시간과 노력이 필요했습니다.
　3) 그렇게 시간을 들이고 노력했어도 결과는 더 나빴습니다.

당신의 성격과 맞지 않는 영역에서 사역할 때 위와 같은 일이 일어납니다. 하나님께서는 당신의 성격을 독특하게 빚어 놓으셨습니다. 이 사실은 당신이 올바른 사역과 연결되는 데 있어 아주 중요한 요소입니다.

하나님께서는 사람을 만드실 때, 붕어빵 찍어내듯 똑같이 만들지 않으셨습니다. 하나님께서 다양한 것을 얼마나 좋아하시는지 알고 싶으면, 주위 사람들을 둘러보면 됩니다. 사람들에게 옳고, 그른 성격이 있는 것은 아닙니다. 교회가 균형을 이루기 위해서는 서로 다른 성격이 필요합니다.

그것은 마치 나무를 가지고 조각을 하는 것과 같습니다. 때로는 나무의 단단한 마디 주위를 작업할 때도 있는데, 이때는 사포로 갈아야 합니다. 여러분의 삶 가운데에는 타고난 고정 패턴이 있습니다.

그러므로 네 번째 살펴보아야 하는 요소가 바로 개성입니다. 이 요소는 자신에게 적합한 사역을 결정하는 데 매우 중요합니다. 모든 것이 조화롭게 교회의 균형을 이루는 것입니다.

한 가지 예를 들어 보겠습니다. '관리'와 '행정'의 은사를 가진 두 사람이 있습니다. 그들은 훌륭한 조직자들입니다. 그것은 그들의 영적 은사입니다. 두 사람 모두 십대들과 일하는 것에 흥미를 가지고 있습니다. 동일한 은사와 동일한 마음을 가지고 있는 것입니다. 하지만 한 사람은 '내향적인 사람'이고 한 사람은 '외향적인 사람'입니다. 그것도 역시 그들에게 적합한 사역을 찾는 데 중요한 요소가 됩니다. 내향적인 사람과 외향적인 사람 사이의 직업에 대한 경향을 혼합시킨다면 둘 다 모두 불행할 것입니다.

우리는 사색가들이 감성이 풍부한 사람들이 되기를 기대합니다. 감성이 풍부한 사람들이 사색가가 되기를, 그리고 외향적인 사람들이 내향적인 사람들이 되기를, 다양함을 좋아하는 사람들이 똑같은 일이 반복되는 사역에서 일하기를, 그리고 똑같은 일이 반복되는 사역에서 일하기를 좋아하는 사람들이 다양한 사역에서 일하기를 기대하고 있습니다. 사람들은 하고 있는 일이 자신의 기질이나 개성과 일치하지 않기 때문에 만족스러운 사역을 경험하지 못하는 것입니다.

능력 발견 테스트

아래에 비교되는 내용을 보며 당신을 가장 잘 묘사하는 것을 찾아 표시하십시오.

> **인도자를 위한 팁**
>
> 아래에는 성격을 크게 여섯 가지로 나누어서 설명하고 있다. 참가자들이 스스로 체크해 보기 전에 참가자들에게 아는 사람이 아무도 없는 모임에 참석해 본 경험을 나누어 보게 하고, 그러한 상황에서 자신이 어떻게 반응했는지를 옆 사람과 나누어 보도록 하라.

1. 나는 나 자신이 보통 _____ 이라고 생각합니다.
(아래 각 쌍에서 하나만 동그라미로 표시하세요.)

나는 외향적입니다. 나는 많은 사람들과 서로 영향을 주고받는 것을 더 좋아하며, 다양한 활동들 가운데 한 부분으로 참여할 때 더 힘을 얻습니다.	**나는 내성적입니다.** 나는 소수의 사람들과 서로 영향을 주고받는 것을 더 좋아하며, 조용한 묵상의 시간을 통해 더 힘을 얻습니다.
나는 자기 표현적입니다. 나는 내 생각과 의견을 열어 놓고 표현을 많이 하는 편입니다. 나는 내 생각과 의견을 다른 사람들과 나누는 것을 즐깁니다.	**나는 자기 통제적입니다.** 나는 내 생각과 의견을 나 자신의 세계 안에 간직하는 경향이 있습니다.
나는 협조적입니다. 나는 다른 사람들과 일할 때 쉽게 그들의 견해를 인식합니다. 나는 팀의 일원이 되어 일하기를 좋아합니다.	**나는 경쟁적입니다.** 나는 도전하는 것을 좋아합니다. 나는 장애물을 극복해 내는 것을 즐깁니다. 나는 이기는 것을 즐깁니다.

> 인도자를 위한 팁
>
> 스스로 53페이지의 내용을 읽고 체크해 보도록 한 다음 좀 더 자세히 설명하라.

외향적-내성적

이것은 내가 어디서 힘을 얻는가를 알아보는 일입니다. 무엇이 내게 흥미를 불러일으키는가? 무엇이 나를 지치게 하는가? 사람들과 함께 있을 때 재충전이 된다면 당신은 외향적인 사람입니다. 사람들과 같이 있을 때 지치게 된다면 당신은 내성적인 사람입니다. 참으로 나를 재충전시키는 것이 무엇인가? 혼자 있는 것이 나를 재충전시킨다면 내향성이 강한 쪽으로 표시를 해야 합니다. 사람들과 같이 있는 것이 나를 재충전시킨다면 혼자 있는 것을 견딜 수가 없을 것입니다. 그렇다면 외향성이 강한 쪽으로 표시를 해야 합니다. 자신을 측정해 보십시오.

> 다음과 같은 질문이 자신을 측정하는 데 도움이 될 것이다.
> - 당신은 사람들이 모여 있는 곳에 참여할 방법을 애써서 찾아봅니까?
> - 당신은 많은 사람들과 깊은 관계는 없지만, 적은 수의 사람들과는 깊은 관계를 맺고 있습니까?
> - 모르는 사람을 만났을 때 먼저 말을 건네는 편입니까?
> - 특별한 이유가 없이 사람들이 많이 모이는 장소에 가기를 꺼려합니까?

자기표현-자기 통제

자기 절제와 자기표현에 대한 것입니다. 자신을 터놓고 표현하는 경향이 있습니까? 느끼고 생각하는 방식을 표현하는 데 거침이 없습니까? 아니면 좀 더 절제하는 경향이 있습니까? 어떤 사람들은 더 절제를 합니다. 그들은 상황을 통제하는 것을 좋아합니다. 자신의 기분과 말하는 것, 그리고 다른 반응들을 절제하는 것을 좋아합니다. 그러한 사람들은 정말

상대를 믿을 수 있다고 판단하기 전에는 절대 자신의 감정을 보여 주지 않습니다. 다른 사람들은 "나는 나예요. 저는 마음 편히 하고 싶은 대로 하는 경향이 있습니다! 저는 제 마음에 떠오르는 것을 이야기하고 표현이 풍부하고 매우 솔직합니다"라고 말합니다. 어떤 식이든 자신을 평가해 보십시오.

> 다음과 같은 질문이 자신을 측정하는 데 도움이 될 것이다.
> - 당신은 처음 만나는 사람에게 거리낌 없이 당신의 감정을 이야기합니까?
> - 당신은 당신의 생각과 느낌을 말하지 않을 때가 자주 있습니까?
> - 당신은 기회가 있을 때마다 당신의 삶을 다른 사람들과 나눌 기회를 찾습니까?
> - 당신은 마음이 통하는 몇몇을 제외하고 당신의 감정을 비밀로 하는 편입니까?

협조적-경쟁적
다른 사람과 어떻게 관계를 맺는가 하는 것입니다. 모든 사람들은 협조적이거나 경쟁적이거나 두 가지 중 하나의 경향이 있습니다. 어떤 사람들은 타고난 경쟁자들입니다. 경쟁이 없으면 흥미가 없습니다. 목표가 있고 또 다른 누군가가 그것을 성취하려고 하지 않으면 흥미가 생기지 않습니다. 다른 사람들은 "저는 경쟁을 아주 싫어합니다. 누군가에 대항해 경쟁하는 것을 좋아하지 않습니다. 협동하는 것을 좋아합니다. 저는 동시에 모두가 같은 방식으로 같은 일을 하는 것을 좋아합니다"라고 말합니다. 이러한 성향은 옳은 것도 그른 것도 아닙니다. 협조적이거나 경쟁적인 성향을 가진 것뿐입니다.

> 다음과 같은 질문이 자신을 측정하는 데 도움이 될 것이다.
> - 당신은 주위에 있는 사람들을 편하게 해 주려고 노력합니까?
> - 당신은 성과를 중요하게 생각합니까?
> - 당신은 갈등의 상황을 인정하고 승리를 즐기는 편입니까?
> - 당신은 자신보다 다른 사람들의 마음을 편하게 할 방법을 찾는 편입니까?

2. 나의 성격은 아래와 같은 사역을 할 때 가장 잘 표현됩니다.

(당신은 어떤 형태의 사역 기회를 가장 즐긴다고 보는가?)

"보통 나는 _____을 즐긴다."
(아래 각 한 쌍에서 하나만 동그라미로 표시하세요.)

인도자를 위한 팁

> 다음에는 일과 기회에 대한 반응을 성격별로 크게 여섯 가지로 나누어서 설명하고 있다. 이 부분을 참가자들이 스스로 체크해 보기 전에 참가자들에게 지금까지의 삶을 뒤돌아보고 자신에게 가장 큰 성취감을 안겨 준 사역에 대해서 나누게 하라. 그리고 만약 하나님 나라를 위해서 큰 변화를 가져올 수 있는 이상적인 상황을 선택할 기회가 주어진다면, 어떤 상황을 선택할지를 옆 사람과 나누어 보도록 하라.

나는 정기적인 사역의 기회를 선호합니다.	나는 변화무쌍한 사역의 기회를 선호합니다.
나는 내가 무엇을 해야 하는지 분명히 알 수 있는 곳에서 일하기를 좋아합니다. 나는 새로운 일을 시작하기 전에 해오던 것을 먼저 끝내고 마무리 짓는 것을 좋아합니다.	나는 다양한 방법으로 일하는 것을 좋아합니다. 나는 내가 감당하는 일이 변화하며 때로는 예상치 못한 일도 나타나는 것을 좋아합니다. 다른 일을 시작하기 전에 해오던 작업을 끝내는 것은 크게 중요하지 않습니다.
나는 팀으로 섬기는 기회를 선호합니다.	나는 혼자 섬기는 기회를 선호합니다.
나는 다른 사람들과 함께 팀으로 일하면서 어떤 임무나 목표를 이루는 사역을 좋아합니다. 나는 팀으로 일할 때 동기부여가 더 잘됩니다.	나는 혼자 일하면서 어떤 임무나 목표를 달성하는 사역을 더 좋아합니다.
나는 임무 지향적인 기회를 선호합니다.	나는 관계 지향적인 기회를 선호합니다.
나는 내가 어떤 임무나 역할을 감당하는 사역을 좋아합니다. 나는 목표가 이뤄지는 것을 보고 싶습니다.	나는 사람들을 직접적으로 섬기면서 그들에게 영향을 줄 수 있는 사역의 기회를 좋아합니다.

인도자를 위한 팁

스스로 54페이지의 내용을 읽고 체크해 보도록 한 다음 필요에 따라 좀 더 자세하게 설명하라. 위에서 설명한 사역에 대한 자신의 성격을 아는 것은 하나님 나라를 위해서 일할 기회가 주어졌을 때 당신이 어떻게 반응하게 될지를 이해하는 데 도움이 될 것이다. 다음의 설명을 참고해서 인도하라.

1. 나는 정기적인 사역의 기회를 선호합니다. / 나는 변화무쌍한 사역의 기회를 선호합니다.

이 두 가지는 사역의 위험도에 대한 차이를 설명하는 것입니다. 어떤 사람들은 사역 가운데 위험적 요소와 변화의 요소가 많은 것을 즐깁니다. 반면에 어떤 사람들은 가능하면 그러한 상황을 피하려는 사람들이 있습니다. 대부분의 사람들은 불명확한 상황에서 일하는 것을 피하려고 합니다. 반복적인 사역은 주일 학교에서 가르치는 일 같은 것입니다. 매주

같은 시간을 위해 준비하고 가르치는 것은 반복적인 사역입니다. 예측할 수 없는 사역은 구제 사역 같은 것이 될 수 있습니다. 위기 상황에서 또 다른 위기 상황으로 옮겨가는 그런 사역입니다. 이 둘은 서로 다릅니다. 반복적인 것을 더 좋아하는지 다양한 것을 더 좋아하는지 자신을 측정해 보십시오.

> 다음과 같은 질문이 자신을 측정하는 데 도움이 될 것이다.
> - 당신은 변화를 피하려는 경향이 있습니까?
> - 당신은 혼돈스러운 상황을 즐기는 편입니까?
> - 당신은 사역에서 위험도가 낮을 때 성공률이 높습니까?
> - 당신은 성공을 위해서 장애물을 뛰어넘어야 할 때 의욕이 생깁니까?

2. 나는 팀으로 섬기는 기회를 선호합니다. / 나는 혼자 섬기는 기회를 선호합니다.

어떤 사람은 천성적으로 팀으로 일하는 쪽에 항상 끌리는 사람이 있습니다. 또 어떤 사람은 혼자 혹은 최소한의 인원으로 일할 때 능률이 더 오르는 사람들이 있습니다.

> 다음과 같은 질문이 자신을 측정하는 데 도움이 될 것이다.
> - 당신은 팀 안에서 일하는 것을 좋아하는 편입니까?
> - 당신은 혼자 할 수 있는 일을 찾아 나서는 편입니까?
> - 당신은 다른 사람들과 같이 일할 때 힘이 넘칩니까?
> - 당신은 혼자 있을 때 가장 능률적입니까?

3. 나는 임무 지향적인 기회를 선호합니다. / 나는 관계 지향적인 기회를 선호합니다.

이 두 가지는 사역의 중심에 사람이 있는가? 아니면 일이 있는가에 대한 차이를 설명하는 것입니다. 당신 주위의 사람들 중에 어떤 사람은 일보다는 사람들과 함께하는 것이 좋아서 열정적으로 일하는 사람들이 있습니다. 혹은 묵묵하게 맡겨진 임무를 수행하는 사람도 있습니다.

> 다음과 같은 질문이 자신을 측정하는 데 도움이 될 것이다.
> - 당신은 사람들과 함께 부딪히며 일하는 환경을 좋아하는 편입니까?
> - 당신은 '어떻게 하면 맡겨진 임무를 잘 완수할까' 걱정하는 편입니까?
> - 당신은 여러 임무를 개발하고 편성하고 통합하는 것을 즐기는 편입니까?
> - 당신은 사람들과 일대일이나 소그룹으로 함께 일할 때 일에 능률이 오르는 편입니까?

> **새들백 명언 :**
> "인생에서 잘못된 사람들은 없습니다. 단지 잘못된 일을 하는 옳은 사람들이 있을 뿐입니다."
>
> "성경은 하나님이 모든 성격 유형을 사용하신다는 많은 증거 자료를 제공하고 있습니다. 베드로는 다혈질이었고, 바울은 담즙질이었으며, 예레미야는 우울질이었습니다. 우리가 열두 제자의 성격 차이를 살펴본다면 왜 그들이 서로 갈등했는지 쉽게 알 수 있습니다."

다섯 가지 우리의 형상(SHAPE)은 다음과 같습니다. 영적 은사(Spiritual Gifts), 마음(Heart), 능력(Abilities), 성격(Personality), 경험(Experiences). 그중에서 마지막으로 'E'에 해당하는 '경험'(Experiences)에 대해서 알아보겠습니다. 하나님께서는 당신에게 교육의 경험과 영적인 경험, 그리고 고통의 경험을 주셨습니다. 하나님께서는 이러한 것들을 모두 우리 삶 가운데 사용하셔서 우리를 가르치시고 우리를 빚으시며 그분이 만들고자 하시는 그릇으로 우리를 만들어 가십니다.

V. 당신의 경험을 발견하십시오

> **인도자를 위한 팁**
>
> 이 장을 최대한 활용하려면 참가자들은 자신에게 철저히 솔직해야 하고, 솔직함을 가지고 하나님과 함께 돌파구를 찾아야 한다. 참가자들이 겪은 고통을 하나님의 유익을 위해 사용하겠다고 선포하고, 참가자들이 자신의 삶의 스토리를 정리하는 중대한 경험을 할 수 있도록 인도해야 한다. 그러기 위해서는 인도자도 자신의 삶을 솔직하게 뒤돌아보는 시간을 가져야 한다.

하나님께서 당신에게 맡기신 사역을 찾는 데 있어서 가장 무시되는 요소 가운데 하나는 당신의 과거 경험, 특히 당신이 하나님의 도움으로 이겨낸 과거의 상처와 문제들입니다. 가장 큰 삶의 교훈은 우리가 강할 때가 아닌 약할 때 주어지는 것이기 때문에, 우리는 소위 '고난의 학교'에서 배운 교훈에 대해 면밀히 살펴보아야 합니다.

"우리가 알거니와 하나님을 사랑하는 자 곧 그의 뜻대로 부르심을 입은 자들에게는 <u>모든 것이 합력하여</u> 선을 이루느니라"(롬 8:28).

'모든 것이 합력하여'에 밑줄 치십시오. 모든 것이 선하다고 말씀하고 있지 않습니다. "하나님께서 모든 일 가운데(나쁜 일 가운데서도) 하나님을 사랑하는 자 곧 그의 뜻대로 부르심을 입은 자들에게는 모든 것이 합력하여 선을 이루느니라." 이것은 하나님께서는 우리 경험들을 낭비하지 않으신다는 말씀입니다. 여러분 스스로 초래한 좋지 않은 경험조차도 하나님께서는 상처로 낭비하지 않으신다는 것을 의미합니다.

"형제들아 <u>내가 당한 일이 도리어</u> 복음 전파에 진전이 된 줄을 너희가 알기를 원하노라"(빌 1:12).

'내가 당한 일이 도리어'에 밑줄 치십시오. 바울은 자신의 당한 일, 다른 모든 사람들이 좋지 않다고 생각한 그 일이 실제로는 선한 결과로 드러났다고 말합니다. 이 편지를 쓸 때 그는 감옥에 있었습니다.

하나님께서 맡기신 사역을 결정할 때 가장 소홀히 취급된 요소 가운데 하나는 바로 자신의 과거 경험, 특히 하나님의 도우심으로 극복했던 문제들과 상처들입니다. 삶의 가장 위대한 교훈들이 자신의 장점보다는 약점을 통해 오기 때문에 '고통의 학교'를 통해 무엇을 배웠는가에 지대한 관심을 쏟아야 합니다. 하나님께서는 상처를 결코 낭비하지 않으십니다. 그분께서는 여러분이 이미 체험한 고통을 통해 현재 그 고통을 당면하고 있는 사람들을 섬기기를 바라십니다.

성경은 하나님께서 실제로 우리가 어려운 상황과 환경 그리고 문제와 시련과 고통을 겪도록 허용하신다고 말씀하십니다. 하나님께서는 그러한 상황 가운데서 우리를 위로하시고 가르치셔서 우리가 겪었던 어려움들을 겪고 있는 사람들의 심정을 헤아리고 사역할 수 있도록 하십니다. 술로 인해 문제가 있는 사람들을 누구보다도 공감할 수 있는 사람은 알코올 중독자였던 사람밖에 없습니다. 아내나 남편을 잃은 사람은 배우자와 사별한 사람의 마음을 더 잘 이해할 수 있습니다. 하나님께서는 우리가 이러한 모든 경험을 잘 살펴보기를 원하십니다.

새들백 이야기 :

새들백 교회의 S.H.A.P.E. 사역(301과정) 담당 목사인 에릭 리즈는 8살 때 부모님이 이혼했고, 슈퍼마켓 점원인 어머니의 월급으로 에릭의 양육이 불가능해서 알코올 중독자인 아버지와 유년시절을 보냈다. 에릭은 언어폭력과 신체적 폭력 속에서 자라야만 했다. 그의 성장기에는 건강한 역할 모델도 없었고, 돌봄을 받지도 못해서 자존감이 낮은 아이로 자랐다. 하지만 예수님을 만나고 자신과 비슷한 아픔을 가진 사람들을 섬길 기회를 하나님께서 허락하셔서 지금도 그들을 돕는 사역을 감당하고 있다.

1. 당신의 과거 경험을 검토해 보십시오.

1) 당신은 어떤 영적인 경험을 가지고 있습니까?

"때가 오래 되었으므로 너희가 마땅히 선생이 되었을 터인데 너희가 다시 하나님의 말씀의 초보에 대하여 누구에게서 가르침을 받아야 할 처지이니 단단한 음식은 못 먹고 젖이나 먹어야 할 자가 되었도다 이는 젖을 먹는 자마다 어린아이니 의의 말씀을 경험하지 못한 자요"(히 5:12-13).

'경험'에 밑줄 치십시오. 하나님과 깊은 교제를 통해 의미 있는 결정을 해 본 경험이 있습니까? 언제 하나님께 가장 가까이 나아갔다고 느꼈습니까? 세례 받을 때나 그리스도께 삶을 헌신했을 때, 가족들과의 헌신적인 시간들, 삶을 변화시켰던 경험이나 모임이나 부흥회나 세미나 등 당신에게 가장 의미 있는 하나님과의 시간들을 기록하십시오. 57페이지의 항목을 참고해서 86페이지 '당신의 "영적인" 경험' 란에 적어 보십시오.

2) 당신은 어떤 고난의 경험을 가지고 있습니까?

"우리의 모든 환난 중에서 우리를 위로하사 우리로 하여금 하나님께 받는 위로로써 모든 환난 중에 있는 자들을 능히 위로하게 하시는 이시로다"(고후 1:4).

'위로하게 하시는 이시로다'에 밑줄 치십시오. 자신에게 교훈이 되었던 문제, 상처, 시련들. 이러한 것들에 대해 기꺼이 말하지 않는다면 효과적인 사역이 될 수 없습니다. 그러나 일단 자신의 고난에 대해 정직하게 되면 모든 사람들이 어디에서인가 상처를 받고 있다는 것을 깨닫게 될 것입니다. 하나님께서는 당신이 겪은 고통들을 통해 다른 사람들을 돕게 되기를 원하십니다. 58페이지 항목을 참고해서 87페이지 '당신이 겪은 "고난"의 경험' 란에 기록해 봅시다.

3) 당신은 어떤 교육적인 경험을 가지고 있습니까?

"훈계를 굳게 잡아 놓치지 말고 지키라 이것이 네 생명이니라"(잠 4:13).

'훈계를 굳게 잡아'에 밑줄 치십시오. 어디서 학교를 다녔는지, 학교에서 제일 좋아했던 과목들은 무엇이었는지를 적어 보십시오. 그것은 종종 알아야 할 중요한 것들이 되기도 합니다. 학교 다닐 때 정말로 좋아했던 것은 무엇이었습니까? 58페이지의 항목을 참고해서 87페이지 '당신의 "교육적인" 경험' 란에 써넣으십시오.

4) 당신은 어떤 직업적인 경험을 가지고 있습니까?

"갈릴리 해변으로 지나가시다가 시몬과 그 형제 안드레가 바다에 그물 던지는 것을 보시니 그들은 어부라 예수께서 이르시되 나를 따라오라 내가 너희로 사람을 낚는 어부가 되게 하리라 하시니"(막 1:16-17).

'그들은 어부라', '사람을 낚는 어부'에 밑줄 치십시오. 예수님이 사역으로 부르신 열두 제자들은 직업을 가진 사람들이었습니다. 우리는 하나님께서 주신 직업에 대한 경험이 모두 있을 것입니다. 베드로가 어부라는 직업을 가졌기 때문에 영적인 어부라는 설명을 쉽게 이해할 수 있었습니다. 여러분들이 하고 있는 일에서 좋은 실적을 올렸거나 공을 세운 적은 없었는지 스스로 질문해 보십시오. 59페이지의 항목을 참고해서 88페이지 '당신의 "직업적인" 경험' 란에 써넣으십시오.

> **인도자를 위한 팁**
>
> 어떤 참가자는 자신이 전업주부라는 사실에 실망할 수 있다. 하지만 주부의 경험들(출산, 육아, 요리 등)은 입양단체나 고아원, 독거노인을 위한 사역에 가장 유익한 직업적인 경험이라는 것을 설명하라.

5) 당신은 어떤 <u>사역적인</u> 경험을 가지고 있습니까?

"여러분의 이 봉사(사역)의 결과로, 그들은 하나님께 영광을 돌릴 것입니다"(고후 9:13 상, 새번역).

'봉사(사역)의 결과'에 밑줄 치십시오. 과거에 어떤 섬김이 있었습니까? 교회에서 봉사할 때 무슨 일을 했습니까? 어떤 사람들은 전혀 섬긴 적이 없기 때문에 아무런 경험이 없을 수도 있습니다. 어떤 사람들은 한두 가지가 있을 수 있습니다. 어떤 사람들은 15-20년간의 섬겼던 목록이 길게 있을 수도 있습니다. 62페이지의 항목을 참고하여 88페이지의 '당신의 "사역적인" 경험' 란에 써넣으십시오.

2. 우리는 다른 사람들을 돕기 위해 우리의 경험을 사용해야 합니다.

"찬송하리로다 그는 우리 주 예수 그리스도의 하나님이시요 자비의 아버지시요 모든 위로의 하나님이시며 우리의 모든 환난 중에서 <u>우리를 위로하사</u> 우리로 하여금 하나님께 받는 위로로써 모든 환난 중에 있는 자들을 능히 <u>위로하게 하시는 이시로다</u>"(고후 1:3-4).

'우리를 위로하사', '위로하게 하시는 이시로다'에 밑줄 치십시오. 바울이 그의 의심과 절망의 경험들을 비밀로 했다면 수백만 명의 사람들이 그로 인한 유익을 누리지 못했을 것입니다. 공유된 경험만이 다른 사람들을 도울 수 있다는 사실을 명심해야 합니다.

경험 발견 테스트

다음 각 영역들에서 각종 '경험'의 단어 목록을 살펴보며 어떤 것들이 나와 내 경험에 관계되는지 확인할 수 있도록 하나님께 도움을 구합니다. 각 영역에 속한 단어들을 보면서 나의 삶과 관련 되는 것들을 모두 표시합니다. 필요하면, 각 영역의 끝에 있는 '기타' 항목을 사용하여 나의 독특한 개인적 경험을 기록합니다.

1. 영적인 경험

- ☐ 어떤 사람을 그리스도께 인도한 경험
- ☐ 어떤 사역에서 섬긴 경험
- ☐ 어느 교회의 지체로 활동한 경험
- ☐ 어느 소그룹의 지체로 활동한 경험
- ☐ 타 문화권 사역의 경험
- ☐ 정기적으로 기도를 드린 경험
- ☐ 정기적으로 성경을 읽은 경험
- ☐ 정기적으로 하나님께 십일조를 드린 경험
- ☐ 지역주민을 위한 전도 경험
- ☐ 세례(침례) 받은 경험
- ☐ 기타 : _____

2. 고난의 경험

당신은 어떤 어려움을 겪었거나 겪고 있는 사람과 연결될 수 있습니까?

- ☐ 가족의 자살 경험
- ☐ 결혼약속이 취소된 경험
- ☐ 과부
- ☐ 장기간의 실직 경험
- ☐ 감옥
- ☐ 고아
- ☐ 군인으로 전쟁에 참여한 경험
- ☐ 장기간의 재판 과정

- ☐ 장기간의 투병 생활
- ☐ 노숙 경험
- ☐ 만성질환
- ☐ 별거(아직 재결합하지 못함)
- ☐ 성적 충동
- ☐ 신체 장애/불구
- ☐ 암
- ☐ 원하지 않는 임신
- ☐ 이혼
- ☐ 입양
- ☐ 죽음 또는 큰 재난
- ☐ 파산
- ☐ 회복 프로그램(중독 문제)
- ☐ 낙태
- ☐ 마약 남용/중독
- ☐ 무질서한 식생활
- ☐ 별거 후 재결합
- ☐ 술 중독
- ☐ 알츠하이머/치매
- ☐ 우울증
- ☐ 유산
- ☐ 불임
- ☐ 재혼
- ☐ 중독
- ☐ 학대/폭력(가정, 학교 등)
- ☐ 기타 : _____

3. 교육적인 경험

- ☐ 고등학교
- ☐ 대학교(학사)
- ☐ 대학원(석사)
- ☐ 기타 : _____
- ☐ 전문 대학
- ☐ 대학원(박사)
- ☐ 전문적 훈련

4. 직업적인 경험

- ☐ <u>가정 주부</u>
- ☐ <u>공무원</u>
  - ☐ 경찰
  - ☐ 법률기관
  - ☐ 소방서
  - ☐ 정부
  - ☐ 조사기관
  - ☐ 교통
  - ☐ 세무서
  - ☐ 우체국
  - ☐ 정책기관
  - ☐ 기타 : _____

- ☐ 공익사업
  - ☐ 가스/전기　　　　☐ 수도
  - ☐ 전화　　　　　　☐ 케이블 TV
  - ☐ 기타 : _____
- ☐ 엔지니어링 계통
- ☐ 교육
  - ☐ 고등학교　　　　☐ 과학 기술
  - ☐ 대학교　　　　　☐ 사회 과학
  - ☐ 상담　　　　　　☐ 수학
  - ☐ 외국어　　　　　☐ 역사
  - ☐ 체육 교육/코치　☐ 유치원
  - ☐ 음악　　　　　　☐ 중학교
  - ☐ 직업 기술　　　　☐ 초등학교
  - ☐ 특수 교육　　　　☐ 기타 : _____
- ☐ 교통
  - ☐ 공항 관제소　　　☐ 지하철/기차
  - ☐ 버스/트럭/자가용 운전수　☐ 비행기 스튜어디스
  - ☐ 비행기 조종사　　☐ 여행사
  - ☐ 기타 : _____
- ☐ 군대
  - ☐ 공군　　　　　　☐ 육군
  - ☐ 해군　　　　　　☐ 해병대
  - ☐ 기타 : _____
- ☐ 사업
  - ☐ 건축　　　　　　☐ 고객 관리
  - ☐ 도매　　　　　　☐ 마켓
  - ☐ 물류 공급　　　　☐ 부동산
  - ☐ 봉제　　　　　　☐ 광고/마케팅
  - ☐ 음식/음식점　　　☐ 자산 운영
  - ☐ 자영업　　　　　☐ 재정 서비스
  - ☐ 제조업　　　　　☐ 택배

- ☐ 직원 관리
- ☐ 컨설팅
- ☐ 판매
- ☐ 행정
- ☐ 기타 : _____

☐ 세금/법률
- ☐ 변호사
- ☐ 세무사
- ☐ 회계사
- ☐ 기타 : _____

☐ 엔터테인먼트
- ☐ 리조트
- ☐ 미디어(TV, 라디오, 비디오, 영화 등)
- ☐ 배우/탤런트
- ☐ 연회/이벤트
- ☐ 호텔
- ☐ 기타 : _____

☐ 의료
- ☐ 간호
- ☐ 치과교정
- ☐ 내과
- ☐ 노인 의학
- ☐ 방사선과
- ☐ 병리학
- ☐ 산부인과
- ☐ 소아과
- ☐ 수술
- ☐ 안과
- ☐ 약학
- ☐ 영양
- ☐ 의료기기
- ☐ 정신 건강
- ☐ 척추교정 요법
- ☐ 치과
- ☐ 피부과
- ☐ 원무
- ☐ 기타 : _____

☐ 은퇴

☐ 자동차
- ☐ 경영
- ☐ 수리
- ☐ 제작
- ☐ 판매
- ☐ 기타 : _____

☐ 창조적 예술
- ☐ 건축
- ☐ 광고
- ☐ 그래픽 디자인
- ☐ 내부 장식과 디자인
- ☐ 미술 계통
- ☐ 사진
- ☐ 산업 디자인
- ☐ 삽화/도안

- ☐ 영화 & TV
- ☐ 음악 계통
- ☐ 컴퓨터 예술
- ☐ 패션
- ☐ 기타 : _____
- ☐ 컴퓨터
  - ☐ 그래픽
  - ☐ 소프트웨어
  - ☐ 웹 디자인/웹 관리
  - ☐ 정보 시스템/기술 지원
  - ☐ 컨설팅
  - ☐ 하드웨어
  - ☐ 기타 : _____
- ☐ 학생

5. 사역적인 경험

- ☐ 사역 대상(연령 및 인생 단계)
  - ☐ 고등학생
  - ☐ 노인
  - ☐ 대학/청년
  - ☐ 부부
  - ☐ 성인 남자
  - ☐ 성인 여자
  - ☐ 영아/유아
  - ☐ 유치원생
  - ☐ 젊은 기혼자
  - ☐ 중학생
  - ☐ 청년
  - ☐ 초등학생

- ☐ 사역 내용
  - ☐ 교도소 사역
  - ☐ 결혼식 사역
  - ☐ 과학 기술 사역
  - ☐ 교사 사역
  - ☐ 기도 팀 사역
  - ☐ 노인 사역
  - ☐ 단기 선교 사역
  - ☐ 도서관 사역
  - ☐ 드라마 사역
  - ☐ 입원 환자 돌봄 사역
  - ☐ 성가대 사역
  - ☐ 성경을 가르치는 사역
  - ☐ 성만찬 사역
  - ☐ 소그룹 지도자 사역
  - ☐ 시설 경비 사역
  - ☐ 악기 연주 사역
  - ☐ 어린이 사역
  - ☐ 음식(주방) 사역
  - ☐ 의자 테이블 깔고/걷는 사역
  - ☐ 장례식 사역

- ☐ 제자훈련 사역
- ☐ 중보 기도 사역
- ☐ 차량 운전 사역
- ☐ 찬양 팀 사역
- ☐ 청소/관리/수리 사역
- ☐ 카페 사역
- ☐ 행정 지원 사역
- ☐ 회계 사역

- ☐ 주차 관리 사역
- ☐ 집안 환자 돌봄 사역
- ☐ 차량 통행 사역
- ☐ 청각장애우 사역
- ☐ 세례(침례) 사역
- ☐ 테이프/CD 사역
- ☐ 환영/안내 사역
- ☐ 기타 : _____

인도자를 위한 팁

301과정 수료자가 면담을 위해 찾아오면 형상 안내자(사역 지도 상담자)는 한 손에는 여러분의 교회 사역에 관한 사역 안내서를, 다른 손에는 수료자의 "나의 형상 소개서"를 들고 있도록 해야 한다. 면담의 목적은 그들이 관심을 가지고 섬길 수 있는 서너 가지 일들을 찾는 것이다. 182쪽의 '인도자를 위한 팁'을 참고하라.

이 사역을 활발히 하기 위해서는 형상 안내자(사역 지도 상담자)가 준비되어 있어야 한다. 그리고 교회에서 이루어지고 있는 모든 사역들에 대한 아주 자세한 사역 안내서가 필요하다. 따라서 현재 교회에서 진행되는 모든 사역들을 설명해 놓은 지침서를 만드는 것이 필요하다.

제 4 장
당신이 섬길 수 있는 사역의 기회를 찾으십시오

"무슨 일을 하든지 마음을 다하여 주께 하듯 하고 사람에게 하듯 하지 말라 이는 기업의 상을 주께 받을 줄 아나니 너희는 주 그리스도를 섬기느니라"(골 3:23-24).

이 세상에 모든 것이 다 사역의 기회가 될 수 있습니다. 하지만 크게 네 군데에서 사역의 기회를 찾을 수 있습니다.

인도자를 위한 팁

인도자는 참가자들이 가정, 직장, 소그룹과 교회에서 섬김의 대상과 내용에 관한 계획을 세울 때 구체적이며 실현가능한 일들을 계획할 것을 요구해야 한다. 모든 계획은 301과정이 있는 그 주간에 실천할 수 있도록 하라.

1. 가정에서 사역의 기회를 찾으십시오.

"각각 자기 일을 돌볼뿐더러 또한 각각 다른 사람들의 일을 돌보아" (빌 2:4).

우리가 사역할 수 있는 가장 중요한 장소는 가정입니다. 결혼을 했든지, 독신이든지, 어린아이든지, 부모이든지 상관없이 하나님께서는 우리 모두가 겸손한 마음으로 우리 자신보다 다른 사람들의 일에 관심을 두라고 하십니다. 다른 사람들의 일을 돌아볼 수 있는 가장 좋은 대상은 우리와 가장 가까운 가족입니다.

가정에서 내가 섬겨야 할 사람은 누구입니까? 아래에 그 사람의 이름을 쓰고 어떻게 그를 섬길 것인지 간단한 계획을 기록해 보십시오.

이름 : _____
계획 : _____
_____

가정에서 사역의 기회를 찾는 것은 가장 가까운 곳에서 사역을 시작하는 것입니다. 가정은 가장 가까우면서도 가장 중요한 사역의 장입니다. 특히 자녀들에게 시간과 사랑을 투자하십시오. 자녀들이 자신의 영적 은사, 마음, 재능, 성격을 발견할 수 있도록 가능한 다양한 경험을 제공하십시오. 자녀들이 하나님이 주신 모든 것을 알고 사용하는 기쁨을 경험할 수 있도록 말입니다. 그들이 나중에 자신의 시대에 그리스도를 위한 변화를 만들어 낼 수 있도록 말입니다. 그리고 아이들이 변화되지 않는다고(부모가 원하는 만큼) 낙심할 필요도 없습니다. 가정에서의 사역은 여전히 가치 있기 때문입니다.

> **참고**
> 『목적을 이루는 삶을 위한 S.H.A.P.E.』 부록6 "부모들에게"

2. 직장에서 사역의 기회를 찾으십시오.

"우리는 하나님의 작품입니다. 선한 일을 하게 하시려고, 하나님께서 그리스도 예수 안에서 우리를 만드셨습니다. 하나님께서 이렇게 미리 준비하신 것은, 우리가 선한 일을 하며 살아가게 하시려는 것입니다" (엡 2:10, 새번역).

우리는 종종 매일의 일터에서 함께 일하는 사람들은 우리가 섬겨야할 대상들 가운데 가장 우선순위가 낮은 사람들이라고 느낄 수 있습니다. 우리는 우리와 늘 함께하는 사람들에 대한 섬김을 소홀히 여기며, 우리의 역할, 책임, 임무에만 집중할 때가 많습니다.

직장에서 관계 맺고 있는 사람들을 생각해 보십시오. 하나님께서 나에게 섬기고 사랑하라고 요구하시는 사람은 누구입니까? 아래에 그 사람의 이름을 적고 그 사람을 어떻게 섬길 것인지 간단한 계획을 기록해 보십시오.

이름 : _____
계획 : _____
_____

3. 소그룹에서 사역의 기회를 찾으십시오.

"형제들아 너희가 자유를 위하여 부르심을 입었으나 그러나 그 자유로 육체의 기회를 삼지 말고 <u>오직 사랑으로 서로 종노릇하라</u>"(갈 5:13).

'오직 사랑으로 서로 종노릇하라'에 밑줄 치십시오. 이것은 섬김의 또 다른 표현입니다. 여러분이 소그룹에 속해 있다면, 그 소그룹 가운데서 사역의 기회를 발견할 수 있습니다. 개인적인 기도시간에 소그룹원들을 위해서 기도하십시오. 그리고 그들이 하나님이 자신들을 디자인한 뜻을 충분히 깨닫고, 자신의 창조주에게만 얻을 수 있는 분명함과 자신감을 가지고 살아갈 수 있도록 도와주십시오. 결혼생활과 자녀양육 또는 부부관계 회복 등 수많은 사역들이 소그룹 안에서 진행될 수 있다는 것을 기억하십시오.

하나님께서 내게 허락하신 성도들의 친밀한 공동체인 소그룹은 섬김을 통해 하나님께 대한 감사를 나타낼 수 있는 아주 좋은 곳입니다. 당신이 지금 어떤 소그룹에 참여하고 있다면, 당신이 섬김을 통해 은혜를 베풀 수 있는 사람을 선택해 보십시오. 아래에 그 사람의 이름을 쓰고 그를 어떻게 섬길 것인지 간단한 계획을 기록해 보십시오.

이름 : _____
계획 : _____
_____
_____
_____

4. 교회에서 사역의 기회를 찾으십시오.

"그러므로 우리는 기회 있는 대로 모든 이에게 착한 일을 하되 더욱 믿음의 가정들에게 할지니라"(갈 6:10).

하나님께서는 하나님의 자녀들이 그리스도의 몸 된 교회에 속한 지체들을 섬기는 일에 특별히 노력을 다하라고 하셨습니다. 301과정의 핵심 목표는 각 지체들이 하나님께서 주신 형상에 기초한 각자의 주된 사역을 발견하고 그 주된 사역을 통해 서로를 섬기게 하는 것입니다. 당신은 당신이 사역할 곳을 찾으셨습니까? 만약 아직 여러분이 섬길 곳을 찾지 못하셨다면, 오늘 이 강의실 뒤편에 소개되고 있는 사역 현장들 가운데서 하나 혹은 그 이상을 검토해 보십시오.

※ 미리 301과정이 열리는 강의실 뒤쪽에 교회의 각종 사역을 소개하는 테이블을 준비해 두십시오.

※ 교회의 사역 기회를 소개하는 가이드나 사역으로 초청하는 각종 안내 팜플렛을 준비해 두십시오.
※ "나의 형상 발견 시간" 예약 신청서를 접수 받는 테이블을 준비해 두십시오.

축하드립니다!

이제 여러분은 101과정부터 301과정까지를 마무리하셨습니다. 301과정은 크게 다음의 세 부분으로 이루어집니다.

1) 여러분이 방금 마치신 〈301과정〉
2) 여러분이 301과정을 통해 작성한 "나의 형상 소개서"를 가지고 이뤄지는 "형상 발견 시간"
3) 여러분의 형상에 기초한 "사역 배치"입니다.

여러분은 이 세 가지를 모두 다 마무리해야 301과정을 마치게 됩니다. 아래는 여러분이 "나의 형상 소개서"를 기록한 후에 갖게 될 구체적인 다음 단계들입니다.

1. 사역에 헌신하십시오("나의 사역 서약" 제출).

여러분이 101과정을 통해 영적인 가족의 일원이 되셨고, 201과정을 통해 영적인 성숙을 위한 세 가지 기본 습관에 헌신하신 후 "우리 교회의 사역철학"(부록A, 76쪽 참조)에 동의하셨다면, "나의 사역 서약"에 서명할 준비가 된 것입니다. "나의 사역 서약"에 기록된 내용을 주의 깊게 읽어 보시고 서명 후 제출하시기 바랍니다.

2. "나의 형상 소개서"를 제출하세요.

"나의 형상 발견 시간"에 오실 때 "나의 형상 소개서"(부록 B, 82쪽)를 2부 복사해서 오시기 바랍니다.

본인의 S.H.A.P.E. 평가서(나의 형상 소개서)를 완성하십시오. 왜냐하면 301과정 중에 모두 작성하지 못한 부분이 있을 수 있기 때문입니다. 그리고 완성된 평가서(나의 형상 소개서)를 당신의 사역 서류철(사역 이력서)에 첨부하세요.

3. "나의 형상 발견 시간"을 예약하세요.

여러분이 이 자리를 떠나기 전에 "나의 형상 발견 시간"을 예약하세요. "나의 형상 발견 시간"은 앞으로 30일 안에 마치셔야 합니다(부록C "나의 형상 발견 시간에 대한 안내", 90쪽 참조).

형상 안내자(사역 지도 상담자)와 개인 상담 일정을 정하십시오. 교회 사무실(사역개발센터)에 전화를 걸어서 상담 예약을 하십시오. 사역 서류철(사역 이력서) 가지고 오십시오. 함께 상의하면서 본 교회의 사역 발견 안내 책자(교회에서 준비하시기 바랍니다)를 참고해서 본인의 S.H.A.P.E.에 가장 알맞은 두 세 개의 사역을 결정합니다.

4. 사역 선택을 위해 기도하십시오.

이번 주간 여러분의 "매일 경건의 시간" 때에 301과정 교재에 나와 있는 말씀들, 소개된 내용, 그리고 "당신이 섬길 수 있는 사역의 기회를 찾으십시오."(p.65)를 기도드리는 마음으로 다시 살펴보세요. 하나님께서 여러분 각자가 어떤 사역에 참여하기를 원하시는지 여러분 각자에게 말씀하시도록 기도드리며 생각해 보십시오.

5. 관심 있는 사역을 이끄는 책임자들에게 연락하세요.

우리 교회의 각종 사역을 담당하고 있는 책임자들에게 연락하는 것은 여러분이 할 일입니다. 각 사역의 책임자들은 여러분이 연락해 주기를 기다리고 있습니다. 여러분이 선택한 사역에 대한 열정이 식지 않았을 때 서둘러 연락하십시오. 여러분의 "형상 안내자"를 만난 후 2주 안에 사역의 책임자들에게 연락하십시오.

> 인도자를 위한 팁
>
> 두 주 이내에 연락을 권하는 이유는 사역에 대한 참가자들의 생각이 아직 생생할 때에 연락하라는 의도다. 가능한 빨리 상담을 할 수 있도록 권장하라.

6. 사역을 선택하고 섬김을 시작하세요.

7. 계속되는 "사역자 리더십 훈련"에 참여하세요.

우리 교회가 제공하는 지속적인 "사역자 리더십 훈련"에서는 승리하는 사역을 이루는 방법들에 대해 계속된 가르침을 제공합니다. 여러분이 사역을 시작하게 되면 이 모임에 참여할 수 있습니다.

> **'사역자 리더십 훈련'이란?**
>
> 새들백에서는 상급지도자 훈련(Saddleback Advanced Leadership Training)을 줄여서 S.A.L.T.(소금)라고 표현한다. 릭 워렌 목사가 한 달에 한 번씩 교회 리더들을 가르치는 모임이다. 모든 사람들이 다 참석할 수 있는 것은 아니다. 301강좌를 마치고 사역에 활동적으로 참여하는 사람들에게만 개방되는 과정이다. 새들백 교회에서는 매달 첫 번째 수요일과 첫 번째 토요일에 강의를 한다. 토요일 아침이나 수요일 저녁 중에서 원하는 요일을 선택할 수 있다. 두 시간 강의로 진행되고, 릭 워렌 목사가 한 시간 강의를 하고 나면 멤버들이 속한 사역의 책임자와 함께 한 시간 동안 훈련을 한다.
>
> 교회에서 사역하는 리더십을 가진 성도들은 항상 같은 정신을 공유해야 하며, 항상 담임목사와 목회철학을 연구해야 한다. 항상 영적으로 지적으로 공급함을 받아야 메마른 사역이 되지 않고, 사역으로 인해 탈진하지 않을 수 있다.

8. 여러분의 성숙과 사역을 계속 개발하세요.

301과정을 마치신 여러분에게는 다음 필수 과정으로 〈401과정 / 사명 : 나의 인생 사명〉이 기다리고 있습니다. 아울러, 여러분은 각 과정에 연결된 "선택 코스들"을 택해서 더 깊이 훈련받을 수 있습니다.

아울러 뒤편에 준비되어 있는 "301과정 평가설문지"를
기록해서 제출해 주세요!

인도자를 위한 팁

새들백 교회에서는 4개의 기본 과정(16 시간의 훈련)을 수료할 때 수료증과 야구 베이스 모양의 마름모꼴 핀을 받게 된다. 여러분의 교회에서도 수료식에 사용할 의미 있는 수료증을 마련하도록 하라.
목적이 이끄는 40일 캠페인에서 사역 박람회와 같이(훈련 매뉴얼 9. 사역 박람회와 선교 박람회) 301과정 수료자들이 참석할 수 있도록 교회 내에서 하고 있는 사역을 소개하는 장을 마련하는 것도 좋은 방법이다. 301과정 이후부터는 여러 가지 사역프로그램을 선택할 수 있는 기회를 마련하는 것이 중요하다.

인도자를 위한 팁

교회 안의 모든 프로그램은 평가되고 개발되어야 한다. 따라서 301과정 후에는 강의와 전반적인 준비에 관한 '평가설문지'를 마련해서 더 발전적인 사역을 모색해야 한다.

301과정에 참여해 주셔서 감사드립니다!

|기도|

하나님 아버지, 301과정에 참석한 사람들로 인해 감사를 드립니다. 우리는 온 마음을 다해 사랑하는 사람들의 얼굴을 바라봅니다. 여러 가지 이유들로 그들이 이곳에 모였지만 당신이 그 안에 역사하셨기 때문에 여기 우리 교회에 오게 된 사람들입니다.

이 방 안에 있는 기운만으로도 한국을 흔들 수 있고, 지옥의 모든 세력으로도 막을 수 없는 부흥을 일으킬 수 있습니다. 우리 각 사람이 "제가 여기 있습니다. 저를 보내어 주십시오. 제가 여기 있습니다. 주님, 저를 사용해 주십시오. 중요한 것을 위해 제 시간을 내겠습니다"라고 말할 수 있게 해 주십시오.

사역의 헌신을 생각할 때 두렵기도 합니다. 하지만 당신은 결코 우리를 준비시키지 않으신 일, 기름 붓지 않으신 일, 감당할 수 있는 능력이 없는 일을 맡기지 않으셨다는 것을 깨닫습니다. 우리가 성장할 수 있도록 도와주십시오.

우리에게 주신 은사, 당신께서 우리가 어떤 사람이 되도록 지으셨는지를 발견할 수 있도록 도와주십시오. 예수님 이름으로 기도 드립니다. 아멘.

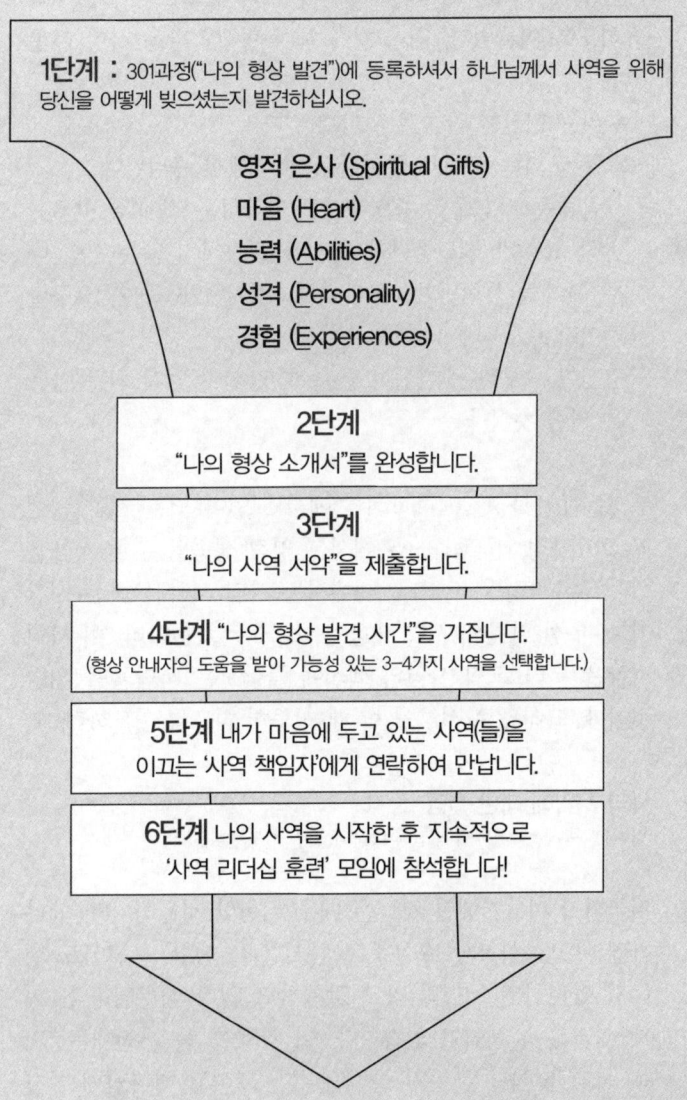

인도자를 위한 팁

이 서약은 〈목적이 이끄는 양육(C.L.A.S.S.)〉에서 가장 중요한 부분이다. 우리는 각 과정이 끝날 때마다 성도들에게 서약을 하도록 이끌었다. 왜 그렇게 해야 할까? 다음 사항 때문이다.
- 우리는 헌신한 만큼 살아가게 된다.
- 모든 교회는 교회가 헌신한 것에 의해서 규정된다.
- 사람들은 자신들이 중요하다고 생각하는 것에 헌신한다.
- 만약 교회가 성도들에게 헌신을 요구하지 않는다면, 다른 단체들(사회단체, 봉사단체, 정치단체 등)이 요구할 것이다.
- 당신이 요구하는 헌신이 클수록, 당신이 얻게 되는 반응은 커질 것이다.

우리는 101과정("나의 영적 가족")에서 교인이 되는 서약을 했고, 201과정("나의 영적 성숙")에서는 영적 성숙을 위한 서약을 했다. 301과정("나의 형상 발견")에서는 사역 서약을 하는 시간이다. 우선 다음의 서약 내용을 스스로 읽게 하라. 이 사역 서약은 우리 교회 사역의 핵심에 들어오는 사람들을 위한 것이다. 그러므로 서약을 할 때 신중히 하도록 지도하라.

사역 서약에 대한 설명
(릭 워렌 목사는 사역 서약 전에 다음과 같이 설명한다.)

지금까지 이야기했던 것들은 매우 위험한 것들입니다. 왜냐하면 야고보서 4장 17절에 "사람이 선을 행할 줄 알고도 행하지 아니하면 죄니라"라고 말씀하고 있기 때문입니다. 이제 여러분은 책임이 있습니다. 이 강좌를 듣기 전에는 "저는 사역을 해야 하는지 몰랐습니다. 그리고 하나님께서 사역을 위해 저를 만드셨다는 사실을 알지 못했습니다"라고 말하며 책임에서 빠져 나갈 수도 있었을 것입니다.

하지만 이제는 빠져 나갈 곳이 없게 되었습니다. 여러분이 이미 알았기 때문입니다. 성경은 하나님께서 당신에게 책임을 물을 것이라고 말씀하고 있습니다. 언젠가 하나님께서 "내가 네게 준 것으로 무엇을 하였는가? 내가 준 은사와 성격, 마음, 능력과 경험들로 무엇을 하였는가? 내가 너로 사역을 위해 형성한 것으로 무엇을 하였는가? 단지 자신을 위해 돈을 버는 데만 사용했는가? 자신을 위해 즐거운 일을 하는 데에만 사용했는가? 아니면 하나님의 나라를 세우는 데 사용하였는가?"라고 여러분에게 물으실 것입니다.

여러분이 바라는 것, 그리고 이 강좌가 있는 이유는 언젠가 하나님 앞에 서서 다음과 같은 말씀을 듣기 위해서입니다. "잘하였도다. 착하고 충성된 종아, 네가 적은 일에 충성하였으니 큰일에도 그러하리라."

인도자를 위한 팁

'나의 성숙 서약' 카드에 참가자들이 서명하도록 하라. 뒷면에 참가자의 이름과 주소를 기록하도록 하라. 참가자가 이 서약서를 기록해서 제출하면 다음과 같은 후속조치가 필요하다.
1. 담임목사도 그 서약서에 사인을 하고 참가자의 헌신을 위해 기도해야 한다.
2. 참가자가 가지고 다니면서 자신의 서약을 상기할 수 있도록 그 서약서를 코팅하여 돌려주어야 한다.
  (서명한 '나의 성숙 서약서'를 제출하면, 담임목사가 서명하고 코팅한 후에 다시 되돌려 주어야 한다. 서약서를 명함 크기로 만들어 항상 휴대하고 다닐 수 있도록 만들면 좋다.)

나의 성숙 서약

나는 등록교인으로, 영적 성숙을 위한 습관들을 키우기로 헌신합니다. 나는 ○○○교회 사역 선언에 동의하며 다음과 같이 헌신하기로 서약합니다.
- 나의 독특한 모습을 발견하고 하나님이 나를 만드신 목적에 가장 잘 맞는 사역에서 섬긴다.
- SALT와 성경공부반에 참여해서 사역을 준비한다.
- 몸 된 교회가 나를 필요로 하는 일에 봉사함으로써 종의 마음을 나타낸다.
- 다른 사역들과 협조하여 한 몸인 교회의 유익을 나의 사역의 필요보다 우선적으로 여긴다.

사인 _____   목사 _____

이 증서는 _____이(가) ○○○교회 안에서 예수 그리스도의 위임받은 사역자로 그에 상당한 책임과 특권이 부여되었음을 증명합니다.

_____ ○○○ 목사

3. 수료자와 기도 후원자를 연결한다. 기도 후원자는 한 해 동안 그 사람을 위해 기도한다.
   (이 일을 감당하는 사람은 먼저 301과정을 수료한 사람으로 해야 한다. 처음에는 교역자들이 감당해야 할 것이다.)
4. 이 서약을 한 모든 사람들에게 정기적으로 사역을 위한 자료를 보낸다.
   (그 내용은 각 기관의 구체적인 사역 역할과 필요에 대한 기도 제목이다.)

여러분의 교회의 실정에 맞게 결정하도록 하라.

나의 사역 서약

"나는 나 자신을 영적 가족인 교회의 구성원으로 헌신했고,
영적 성숙의 세 가지 기본 습관들에 헌신했으며,
우리 교회의 사역철학에 동의하였기에
다음의 중요한 사항들에 헌신하기로 서약합니다."

- **섬김을 시작하기로 결심합니다.**
  우리 교회의 사역 가운데 한 영역에서 섬기기 시작하시면 됩니다.

- **나의 형상을 발견하겠습니다.**
  사역을 위한 나의 독특한 형상은 301과정을 마치고, "나의 형상 소개서"를 제출하고, "나의 형상 발견 시간"을 가질 때 분명하게 발견할 수 있습니다.

- **계속해서 배우며 준비하겠습니다.**
  "사역자 리더십 훈련" 모임과 "선택 코스들"에 참여하여, 더 훌륭하게 섬길 수 있는 사역 능력을 키워 나가겠습니다.

- **섬기는 마음을 개발하겠습니다.**
  그리스도의 몸인 교회가 나를 필요로 할 때 부차적 사역에서도 섬기며 섬기는 자로서의 마음을 나타내겠습니다.

• 섬김의 지체의식을 나타내겠습니다.
  다른 사역들과 협력하면서 나의 사역의 요구보다 교회가 전체적으로 한 몸이 되어 잘되는 일에 더 힘쓰겠습니다.

　　　　　　　　＿＿＿＿＿＿년 ＿＿＿＿월 ＿＿＿＿일

　　　　　　　　　　　　서약자 : ＿＿＿＿＿＿＿＿

"여러분 각자가 교회 안에서 자신의 형상을 가장 만족시킬 수 있는 사역을 찾을 수 있도록 돕는 '나의 형상 발견 시간'을 갖도록 강력히 권합니다. 아래에 해당되는 것에 표시하세요."

□ "나의 형상 발견 시간"을 이미 예약했습니다.
□ "나의 형상 발견 시간"을 가질 수 있도록 제게 연락 바랍니다.
　이메일: ＿＿＿＿＿＿＿＿＿＿＿＿ / 전화 : ＿＿＿＿＿＿＿
□ 나는 오늘부터 우리 교회의 어떤 사역을 섬깁니다.
□ 나는 이미 나의 형상과 어울리는 사역을 하며 섬기고 있습니다.

참고 : '사역의 두 가지 큰 적'

사역에 있어서 두 가지 큰 적이 있다. 사역에 헌신하지 못하게 하는 적이 있는 것이다. 한 가지는 두려움이다. 많은 사람들이 "어쩌면 나는 그것을 할 수 없을지도 모른다"라고 걱정한다. 하지만, 성경은 "내 안에 계신 이가 세상보다 더 크시다", "너희 안에서 착한 일을 시작하신 이가 그리스도 예수의 날까지 이루실 줄을 우리가 확신하노라", "내게 능력 주시는 자 안에서 내가 모든 것을 할 수 있느니라"라고 말씀하신다. 하나님께서는 결코 당신에게 감당할 만한 힘을 주시지 않는 일을 시키시지 않으신다. 하나님께서는 당신이 부르신 일을 할 수 있도록 여러분에게 능력을 주실 것이다.

사역의 또 다른 적은 세속적인 가치관이다. 다른 일들로 너무 바빠서 사역을 위한 시간을 내지 못하는 것이다. 많은 사람들이 "저는 사역을 할 시간이 없습니다"라고 말한다. 일주일에 168시간이 있는데 적어도 잠깐의 시간, 일주일에 몇 시간만이라도, 다른 어떤 것보다 중요한, 그리고 그 모든 것보다 영속적인 무엇인가를 위해 낼 수 없다는 것이다.

에스라를 읽어 보라. 매우 흥미로운 부분이 있다. 이스라엘 백성들이 바벨론에서 70년간 포로로 있었는데 에스라가 예루살렘으로 돌아가 성전을 재건할 것을 허락받았을 때 그는 이렇게 말했다. "자 갑시다! 70년 만에 우리는 마침내 돌아가서 성전을 재건할 수 있게 되었습니다. 모두 돌아가 함께 이 사역을 합시다." 그러나 그 백성들은 이방에 있었음에도 불구하고 그와 함께 돌아갈 사람들을 찾기가 어려웠다. 사람들은 바벨론에서 하고 있는 자신의 사업에 너무나 몰두해 있었기 때문에 성전을 재건하기 위해 되돌아 갈 수 없었던 것이다. 이것은 오늘날에도 마찬가지다.

어떤 사람들은 다른 일들에 너무나 몰두해 있어서 그밖에 다른 것을 위한 시간을 낼 수 없다.

헌신을 하지 못하도록 하는 것은 우리의 '두려움'과 '세속적 가치관'인 것이다.

하나님께서는 평범한 사람들을 사용하신다. 교회의 역사는 하나님께서 매우 평범한 사람들을 사용하셔서 그들을 통해 비범한 일들을 하게 하신 역사다.

부록 A

우리 교회의 사역 철학

인도자를 위한 팁

이것은 목적이 이끄는 교회의 사역철학이다. 이 사역철학은 모든 사역의 기초를 제공한다. 그러나 강요가 아니다. 이해의 차원에서 보기 바란다. 『새들백 교회 이야기』의 요약이라고 할 수 있다. 여러분 교회의 사역철학을 세우기 전에 유용하게 사용할 수 있을 것이다.

1. 우리는 사역에 대해 다음의 내용을 믿습니다.

1) 예수 그리스도를 통해 구원받았다는 사실은 자동적으로 사역으로의 부름을 포함하고 있습니다. 모든 성도는 사역을 감당하기 위해 창조되었고 구원받았으며, 은사와 권세와 명령을 받았습니다.

2) 사역은 그리스도인의 삶에서 핵심입니다(마 20:28).

3) 사역에 있어서 기능은 형상(SHAPE)을 따라갑니다. 하나님께서 나를 어떤 형상으로 만드셨는지가 하나님께서 내게 주신 사역을 결정합니다. 하나님께서는 우리 각자가 구체적인 어떤 사역을 감당하도록 독특하게 빚어주셨습니다.

4) 하나님은 당신의 모든 자녀들에게 사역에서 개발하여 사용할 수 있는 은사를 주셨습니다. 누구나 어떤 사역의 영역에서는 10점 만점을 얻게 되어 있습니다. 각 사람은, 다른 사람들에게 기여할 수 있는, 하나님께 받은 그 무엇을 가지고 있습니다. 내가 받은 그 선물(은사)을 개발하고 사용하는 것이 바로 훌륭한 청지기의 태도이며, 봉사의 태도입니다.

5) 은사를 먼저 확인한 후에 사역을 찾는 것이 아니라, 사역을 통해 우리들 각자의 은사를 발견합니다.

6) 당신의 '형상'과 당신의 사역이 바르게 연결되었다는 증거는 만족(성취감)과 열매(결과들)입니다.

7) 우리 교회에 등록하는 것(101과정)과 영적 성숙에 대해 헌신(201과정)하는 것이 사역의 전제 조건입니다. 그러므로 본 교회에서 사역하기 위해서는 두 과정(101과정, 201과정)을 수료하시고, "등록교인 서약"과 "성숙 서약"을 해야 합니다.

2. 우리는 그리스도의 몸에 대해 다음의 내용을 믿습니다.

1) 하나님께서는 성도들이 각 지역 교회들을 통해 사역하도록 하셨습니다. 그러므로 한 지역 교회에 지체로 등록하는 것은 사역에 대한 헌신의 뜻을 포함합니다.

2) 성령께서는 교회가 하나님이 원하시는 모든 일을 감당할 수 있도록, 영적 은사를 받은 사람들을 몸 된 교회에 허락해 주셨습니다. 그러므로 우리 교회의 중요한 임무는 이런 사람들을 발견하고, 사역자원화하여, 훈련시키고, 사역을 잘 감당하도록 지원하는 것입니다.

3) 교회는 선거를 통해 선출된 사람들로 운영되는 것이 아니라 영적 은사를 근거로 운영되어야 합니다. 따라서 우리는 사역을 위해 사람들을 <u>선출</u>하지는 않습니다.

4) 교회는 가족이지 사업체가 아니며, 유기체이지 조직체가 아닙니다. 그러므로 우리는 사역을 극대화하고 관리를 최소화하기 위해 교회의 구조를 단순하게 유지하는 데 힘을 씁니다. 우리는 각종 사역이 운영 절차들로 인해 피해를 입지 않도록 최선을 다합니다.

5) 우리 교회의 모든 지체들이 사역자가 되어 함께 헌신하는 것이 우리 교회가 건강하게 성장하는 비결입니다.

6) 그리스도의 몸인 교회 전체가 잘되는 것이 어느 한 사역이 잘되는 것보다 그 중요성에 있어서 언제나 앞섭니다. 하나님의 가족인 교회 안에 "영적인 <u>이기주의</u>"가 존재해서는 안 됩니다.

3. 우리는 목회자의 역할에 대해 다음의 내용을 믿습니다.

1) 목회자의 가장 중요한 임무는 성도들이 사역할 수 있도록 무장시키는 것입니다. 모든 성도는 사역자이고 목회자는 사역자를 세우는 리더입니다(엡 4:11-12).

2) 우리 교회 "사역 개발 팀"의 목표는 모든 성도들이 자신의 독특한 은사, 마음, 능력, 기질, 경험을 최대한으로 활용하는 사역자들의 군대를 <u>모집</u>하고 무장시켜, 우리 교회를 통해 뜻 깊은 섬김으로 열매 맺게 하는 것입니다.

3) 모든 지체는 의미 있는 사역의 자리를 찾기 위해 개인적 지원을 받을 자격이 있습니다. 우리는 모든 성도 개개인을 하나하나의 사역 이상으로 귀하게 여깁니다.

4) 사역에 참여하는 사람들은 목회자로부터 적절한 리더십을 위임받습니다. 그러므로 각 사역은 그 사역이 성공하는데 헌신한 "사역 담당 교역자"의 책임 아래 놓이게 됩니다.

5) 각 "사역 담당 교역자"는 자신이 돌보는 사역자들에게 훈련과 격려, 지침과 평가 그리고 필요한 자료를 제공해 줍니다.

4. 우리는 훈련에 대해 다음의 내용을 믿습니다.

1) 모든 사역자는 <u>배우는</u> 사람입니다. 우리가 배우는 것을 중단하는 순간 우리는 이끄는 것을 중단하게 됩니다.

2) 우리는 섬기기 이전에 미리 받는 훈련 보다 섬기는 가운데 받는 현장훈련을 더 크게 강조합니다. 일을 직접 해보면서 가장 잘 배우게 됩니다. 또한 우리는 사람을 키우는 일을 위임합니다.

5. 우리는 사역의 열매에 대해 다음의 내용을 믿습니다.

1) 우리는 사역에서 <u>완벽함</u>이 아니라 탁월함을 기대합니다. 탁월함이란 최선을 다한다는 것을 의미합니다. 하나님은 우리의 최선을 받으실 자격이 있으십니다.

2) 우리는 지체들이 사역 가운데서 창조적이고 혁신적으로 사역하도록 격려합니다. 따라서, 자연스럽게 "실수"도 나타날

것입니다. "실수가 없다"는 것은 당신이 성장을 멈추었거나 아니면 어떤 새로운 것을 시도하지 않는다는 의미입니다. 따라서 우리 교회의 사역 가운데 "실패"란 말은 없습니다. 단지, "성공하지 못한 <u>실험</u>"이 있을 뿐입니다.

새들백 이야기 :

릭 워렌 목사는 교역자들에게 "한 주에 적어도 두 개 이상의 유익한 실수를 하시기 바랍니다"고 이야기한다. 실수가 없다는 것은 새로운 것을 시도하지 않는다는 것이다. 성장이 멈춘 것이고 발전이 없는 것이다. 그러나 똑같은 실수를 한다면 문제는 심각하다. 왜냐하면 그것은 그들이 교훈을 얻고 있지 못한다는 것을 의미하기 때문이다. 그러나 새로운 실수들은 유익한 것이다. 그것은 무엇인가 시도하고 있다는 것을 의미한다. 발전을 하고 있다는 것이다.

새들백 교회에서 누구나 새로운 사역을 시작하고 싶다면 마음껏 시도하도록 허락한다. 시작하고 6개월쯤, 제대로 진행되지 않을 수 있다. 그러나 그 또한 유익한 과정으로 받아 들인다. 그 사역은 단지 시기가 부적절했거나, 사역을 하는 사람들이 부적절했거나 아니면 하나님께서 원하시는 시기가 아닌 경우 중 하나일 것이다. 모든 것이 배울 수 있는 경험이 된다. 또한 적합한 영역을 찾기만 한다면 모든 사람이 만점을 얻을 수 있다.

---

3) "성공하지 못한 실험"이 실패한 사람을 뜻하지는 않습니다. 교회 사역 가운데서 "잘못된" 사람이란 없습니다. 단지, "올바른" 사람들이 맞지 않는 사역에 연결되어 있을 뿐입니다.

6. 우리는 성장과 책임감에 대해 다음의 내용을 믿습니다.

   1) 우리는 우리가 헌신한 대로 변화됩니다. 따라서 우리는 그리스도와 그의 몸 된 교회를 위해 더 크게 헌신하도록 격려합니다.

   2) 모든 사역이 지도자의 지도력(리더십)에 따라 이뤄지기도 하고 실패하기도 합니다. 어떤 사역도 그 사역을 이끄는 지도자의 헌신을 능가해 열매를 볼 수는 없습니다.

   3) 성숙하는 교회의 특징 중 하나는 지도자의 기준이 해마다 더욱 상승하는 것입니다.

   4) 모든 사역은 주기적으로 평가되어야만 합니다. 우리는 검토된 결과를 토대로 사역하지 그저 기대하는 것만 가지고 사역하지 않습니다. 사역이란 섬기고자 하는 선한 의도만 가지고는 충분하지 않습니다.

7. 우리는 사역의 다양성에 대해 다음의 내용을 믿습니다.

   1) 모든 성도는 그리스도의 몸인 교회 내부의 사역과 세상을 향한 사명에 헌신해야 합니다.

   2) 우리는 획일화되지 않으면서 통일성을 유지합니다. 사역의 다양성은 모든 성도가 독특한 은사를 선물로 받았다는 것을 뚜렷이 보여 줍니다.

   3) 301과정을 마친 성도는 누구나 "사역 개발팀"의 도움을 받아 새로운 사역을 시작할 수 있습니다.

4) 각 사역은 교회의 기본 목적 중 한두 가지를 달성할 수 있는 것이어야 합니다. 만약, 그렇지 않다면 우리는 그 사역을 시작하지 않습니다.

5) 사역에는 때가 있습니다. 만일 어떤 한 사역이 더는 사람들의 필요를 채우지 못하고 있다면, 적절한 때에 그 사역을 마무리할 것입니다.

6) 대부분의 사역은 적어도 일 년의 헌신을 요구하지만, 우리는 성도들이 어떤 죄의식도 갖지 않고 품위 있게 사역을 옮길 수 있도록 배려합니다. 우리는 성도들을 어떤 사역에 영구적으로 묶어 두지 않습니다.

7) "사역자 담당 교역자"의 지도를 받는 우리 교회의 공식적인 사역들만 주보, 주간(월간) 소식지, 혹은 웹 사이트에 광고할 수 있습니다.

8) 당신이 헌신할 "주된 사역"은 당신이 은사를 받은 영역이어야 합니다. 당신의 "부차적인" 사역은 당신을 필요로 하는 교회의 다른 영역에서 섬기는 것입니다.

9) 어느 곳에서나 섬길 마음이 준비되어 있지 않으면 아직 사역할 준비가 되어 있지 않은 것입니다.

부록 B

나의 형상 소개서

나의 형상 발견 시간 : _____년 ___월 ___일 ___시 ___분
나의 형상 안내자   : _____

이 름 : _____ 생년월일 : _____년 ___월 ___일
이메일 : _____ 성   별 : 남 / 여
전 화 : (집) _____ (핸드폰) _____
주 소 : _____

1. 당신은 현재 어떤 사역에서 섬기고 있나요? 예 / 아니요
   □ 만일 "예"라면, 어느 사역에서 섬기고 있습니까?

2. 당신은 현재 소그룹에 참여하고 있나요? 예 / 아니요
   □ 만일 "아니요"라면, 연결되기를 원하십니까? 예 / 아니요
   □ 만일 "예"라면, 어느 지역으로 연결되기를 원하십니까?
   _____

3. 영적 은사

   1) 당신이 받은 것으로 확신하는 영적 은사는 무엇입니까?
      * _____
      * _____
      * _____
      * _____

2) 당신이 이런 은사들을 가지고 있다고 느끼는 이유는 무엇입니까?
_____
_____
_____

4. 마음

1) 당신의 마음이 향하고 있는 것, 혹은 당신에게 가장 크게 동기부여 되는 것은 무엇입니까?

역할 : 당신이 감당하기 좋아하는 역할은 무엇입니까?
① _____ ② _____ ③ _____

사람 : 당신이 섬기고 싶은 사람은 누구입니까?
① _____ ② _____ ③ _____

동기 : 당신이 동기부여 되는 것은 무엇입니까?
① _____ ② _____ ③ _____

2) 당신이 그저 재미로 하는 것들은 무엇입니까?(예, 좋아하는 취미들)
_____
_____
_____

3) 만일 실패하지 않는다는 보장이 주어진다면, 하나님을 위해 생명 다해 섬기고 싶은 것은 무엇입니까?
_____
_____
_____

5. 능력

1) 나는 다음과 같은 능력을 가지고 있다고 느낍니다.

* _____   * _____   * _____
* _____   * _____   * _____
* _____   * _____   * _____

2) 나는 다음 주제에 대해 강의실이나 세미나에서 가르쳤거나 참여해 들었습니다.

_____
_____

3) 내게 가장 값진 개인적 자산이라고 느끼는 능력은?

_____
_____

6. 성격

1) 당신의 성격을 가장 잘 묘사하는 숫자에 동그라미를 치십시오.

```
외향적                                          내성적
    3       2       1   |   1       2       3
   강함              보통                  강함

자기 표현적                                  자기 통제적
    3       2       1   |   1       2       3
   강함              보통                  강함

협조적                                         경쟁적
    3       2       1   |   1       2       3
   강함              보통                  강함
```

2) 나의 성격은 다음과 같은 사역 기회를 통해 가장 잘 나타납니다.

정기적인 기회   변화무쌍한 기회
  3   2   1 | 1   2   3
    강함   보통   강함

팀으로 섬기는 기회   혼자 섬기는 기회
  3   2   1 | 1   2   3
    강함   보통   강함

임무 지향적인 기회   관계 지향적인 기회
  3   2   1 | 1   2   3
    강함   보통   강함

7. 경험

1) 나의 영적 순례
(언제, 어떻게 당신이 그리스도인이 되었고, 그 후로 그리스도인이 된 것이 당신의 삶에 어떤 의미와 가치, 유익 등을 주었는지 간단하게 쓰십시오.)

_____
_____
_____
_____

2) 당신의 "영적인" 경험

_____
_____
_____
_____

3) 당신이 겪은 "고난의" 경험
(다음은 내게 교훈을 주었던 문제와 상처와 시련들로서 주님께서는 이런 아픔을 겪고 있는 다른 성도들을 위로할 수 있게 해주셨습니다.)
_____
_____
_____

4) 당신의 "교육적인" 경험
_____
_____
_____

5) 당신의 "직업적인" 경험
① 당신의 현재 직업은 무엇입니까?
_____

② 지금까지 어떤 일(직업)이 당신에게 가장 큰 성취감을 주었나요?
_____
_____

6) 당신의 "사역적인" 경험
_____
_____
_____

① 어떤 사역 기회들이 당신에게 가장 큰 성취감을 주었나요?
_____

8. 사역을 위한 당신의 모습

1) 내가 찾고 있는 사역 기회의 성격은 다음과 같습니다.

- ☐ 지속적(나는 어떤 요일이나 어떤 시간에 정기적으로 섬기고 싶습니다.)
- ☐ 계절적(한 해의 어떤 기간 동안만 제한적으로 섬길 수 있습니다.)
- ☐ 이벤트(특정한 행사를 위해 섬길 수 있습니다.)

2) 내가 참여할 수 있는 날짜와 시간은 다음과 같습니다.

- ☐ 날짜 : 월요일 / 화요일 / 수요일 / 목요일 / 금요일 / 토요일 일요일 / 어떤 날이라도
- ☐ 시간 : 낮 / 저녁 / 주말

3) 내가 섬길 수 있는 시간은 다음과 같습니다.

- ☐ 일주일에 1-3시간
- ☐ 일주일에 3-5시간
- ☐ 일주일에 6시간 이상
- ☐ 한 달에 한 번

9. 기타

부록 C

나의 형상 발견 시간에 대한 안내

어디서 : "나의 형상 발견 시간"은 주로 교회 사무실에서 이루어집니다.

언 제 : "나의 형상 발견 시간"은 주중의 다양한 시간을 선택할 수 있습니다. 하지만 주일에는 제공되지 않습니다.

누 가 : 이 시간은 훈련 받은 형상 안내자에 의해서 진행됩니다. 형상 안내자는 성령님을 의지하여 이 시간을 인도합니다. 즉, 성령님과 당신, 그리고 훈련된 형상 안내자가 함께 당신이 우리 교회에서 섬길 수 있는 영역을 찾는 작업을 하는 것입니다. 우리는 여자 형상 안내자들이 여자 성도들을 만나고 남자 형상 안내자들이 남자 성도들을 만날 수 있도록 연결합니다.

무엇을 :
1. 당신의 형상 발견 시간 때 당신의 형상 안내자는…

   1) 교회 사무실에서 당신을 만날 것입니다.
   2) 음료를 제공할 것입니다.
   3) 당신의 일상생활에 대해 담소를 나눌 것입니다.
   4) 성령님께서 형상 안내자 자신과 당신을 인도해 달라고 기도할 것입니다.
   5) 대화 내용을 다른 사람에게 알리지 않을 것입니다.

6) 언제가 가장 합당한 섬김의 시간인지를 확인하기 위해 당신이 생활 가운데서 감당해야 하는 다른 책임들에 대해서도 대화를 나눌 것입니다.

2. 형상 발견 시간을 갖기 원하는 사람들은 다음 네 가지 가운데 한 부류에 속합니다.

   1) 섬기는 일을 위해 준비되어 있는 분입니다.
   2) 신앙적으로나 감정적으로 치료 받을 시간이 필요한 분입니다.
   3) 이미 섬기는 일을 하고 있는 분입니다.
   4) 새로운 사역을 시작하기 원하는 분입니다.

3. 만일 당신이 우리 교회에서 섬기는 일을 위해 준비되어 있다면, 당신의 형상 안내자는 당신의 형상(SHAPE)에 맞는 2-3가지 섬김의 기회들을 추천할 것입니다.

4. 당신이 선택한 사역의 책임자들은 당신이 가능한 신속히 연락해 주기를 바라며, 가능한 빨리 사역을 시작하기 원할 것입니다.

5. 혹시, 사역과 관련된 질문이 있다면 형상 안내자가 자세히 대답해 줄 것입니다.

6. 형상 안내자가 형상 발견 시간을 기도로 마칠 것입니다.

얼마나 오래 :
"나의 형상 발견 시간"에 걸리는 시간은 평균 1시간입니다. 사역을 찾는 사람은 형상 안내자와 만나도록 약속된 시간을 최선을 다해 지켜 주셔야 합니다. 그래야 당신과 형상 안내자가 가장 합당한 섬김의 자리를 찾는 데 충분한 시간을 보낼 수 있습니다.

릭 워렌의 격려 :

다음과 같이 적힌 카드가 제 책상 서랍에 있습니다.

"뛰어난 사람들이 적절한 시간에 적절한 방법으로 나를 돕기 위해 준비되어 있다. 심지어는 아직 내가 알지 못하는 사람들마저도 말이다. 도움이 없다고 해서 결코 포기하지 않기로 서약한다. 왜냐하면 하나님께서 공급하실 것을 신뢰하기 때문이다."

"너의 길을 여호와께 맡기라 그리하면 그가 네 길을 지도하시리라." 하나님께서는 여러분이 생각지도 못한 수단을 통해 여러분을 도우십니다. 하나님께는 그의 계획을 이루시기 위해 우리의 삶 가운데 이끌어 오실 수 있는, 온갖 종류의 재능과 기능과 관심과 관련을 가진, 엄청나게 많은 사람들을 준비해 놓으실 것입니다. 그러므로 눈을 열어 여러분 주위에 있는 사람들을 바라보십시오. 귀를 열고 그들이 하는 말을 들으십시오. 오늘 그리고 내일, 다음 주 누군가를 만나게 됩니다. 여러분이 필요한 바로 그 사람, 그리고 그 사람은 적절한 시기에 적절한 자리를 메우게 될 것입니다. 그리고 여러분은 하나님께서 그토록 기막히게 환경을 조정해 놓으신 것을 깨닫고 놀라게 될 것입니다.

저는 그 카드를 책상 서랍에 10년 정도 놓아두고 있었습니다. 제가 아주 낙심했을 때, 사역을 돕고 있는 사람들이 소수에 불과했을 때 이것을 꺼내서 읽어보곤 했습니다. 저는 이렇게 말씀드리고 싶습니다. 이 과정에 참여한 성도님들이 바로 10년 동안 드린 기도에 대한 응답입니다.

> 인도자를 위한 팁
>
> - 형상 안내자는 '격려의 은사', '행정의 은사', '목회의 은사', '영분별의 은사', '섬김의 은사'를 가진 평신도들 중에서 찾아야 한다. 목회자와 함께 다른 사람들이 자신의 형상을 찾도록 도와주는 역할을 한다.
> - 형상 안내자는 101, 201, 301과정을 이수한 사람이 할 수 있다.
> - 형상 안내자는 교회의 전체적인 사역의 흐름을 잘 알고 있어야 한다. 그러기 위해서는 교회의 출석과 사역 경력이 어느 정도 필요하다.
> - 『목적이 이끄는 삶』과 『목적이 이루는 삶을 위한 S.H.A.P.E.』(특히 10장 "나의 왕국 목적")을 정독하여 충분히 숙지하고 있어야 한다.
> - 형상 안내자는 부록 B의 "나의 형상 소개서"를 마무리 할 수 있도록 돕는다. 그리고 적당한 사역을 추천한다.
> - 형상 안내자는 사역 임명권을 가지지는 않는다. 사역을 원하는 사람에게 사역을 추천하고 담당 목회자에게도 추천한다.
> - 교회 교역자와 담당 사역자들이 작성한 교회 사역에 관한 사역 지침서를 충분히 이해하고 있어야 한다(여러분 교회의 사역 지침 안내서를 마련하도록 하라).
> - 교회는 형상 안내자를 훈련하는 과정을 따로 준비해야 한다.

301과정 초청편지

○○○ 교회 가족인 ○○○ 교우님께

지난주일 201과정을 마치시게 된 것을 진심으로 축하드립니다. 저는 귀하가 그리스도를 닮는 데 이르도록 은혜로운 시간을 함께 보낼 수 있어서 매우 기뻤습니다. 귀하께서 우리와 함께 배웠던 하나님의 말씀에 기초한 여러 원리들을 실천할 수 있도록 격려합니다. 아래에 기억하실 몇 가지 사항이 있습니다.

① 너무 많은 정보들에 주의하십시오. 우리가 말했던 성장은 평생의 과제입니다. 저는 지금 주님과의 관계를 개발하는 것에 대해 말씀드리는 것이니 한 번에 한 단계씩 실천해 가십시오.
② 뒤로 퇴보하는 것에 대해 너무 좌절하지는 마십시오. 누군가 그리스도인의 삶은 '세 걸음 앞으로 나가다가 두 걸음 물러서는 것'이라고 했습니다.
③ 귀하는 하나님과 함께하는 경건의 시간(QT)과 십일조 생활 그리고 소그룹 교제의 필요성 등 기초적인 것들 없이는 결코 자랄 수 없음을 기억하십시오.

귀하께서 201과정을 이제 막 마치셨기 때문에 301과정(사역: 나의 형상 발견)의 등록을 적극 추천합니다. 이 과정은 하나님께서 그분의 목적과 사역을 위해 당신을 어떻게 독특하게 지으셨는지를 발견하는 기막힌 기회를 제공할 것입니다.

귀하께서 언제 이 반을 택해야 할까요? 우리가 배운대로 개인적 경건의 시간을 가지며, 교회를 통해 주님께 십일조를 드리며, 소그룹에 참여해서 내용들을 실천하기 시작하셨다면 바로 신청하십시오.

한 가지 주의를 드리고 싶은 것은, 너무 오래 지체해서 사역 단계를 발견하고 사역에 동참하는 일이 늦어지지 않도록 하라는 것입니다. 저는 사역에 동참하지 않는 그리스도인은 신앙생활을 할 때 목적과 방향을 상실하기 쉽다는 것을 상기시켜 드립니다. 301과정의 날짜, 시간, 장소가 매주일 주보에 광고됩니다. 등록카드에 서명해 주시든지 아니면 교회 사무실(OOO-OOOO)로 전화 주십시오.

주님 안에서 기쁜 마음으로
OOO 목사 올림